本书为广东省高等院校学科建设专项资金人文社会科学重大攻关项目“岭南文化精品外译研究”（2012ZGXM_0008）成果

经典新闻学译丛 · 丛书主编 王 海

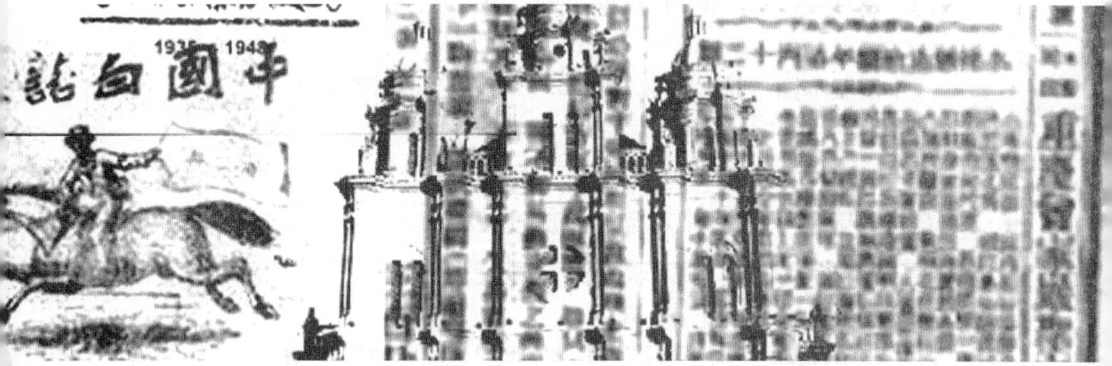

在华天主教报刊

The Catholic Press in China

罗文达 著 王 海 译

暨南大學出版社
JINAN UNIVERSITY PRESS

中国·广州

图书在版编目（CIP）数据

在华天主教报刊／罗文达著；王海译．—广州：暨南大学出版社，2013．3

（经典新闻学译丛）

ISBN 978－7－5668－0436－5

Ⅰ．①在…　Ⅱ．①罗…②王…　Ⅲ．①罗马公教—报刊—研究—中国—1871—1939　Ⅳ．①B979．2②G219．295

中国版本图书馆 CIP 数据核字（2012）第 297775 号

出版发行：暨南大学出版社

地　址：中国广州暨南大学
电　话：总编室（8620）85221601
营销部（8620）85225284　85228291　85228292（邮购）
传　真：（8620）85221583（办公室）　85223774（营销部）
邮　编：510630
网　址：http：//www.jnupress.com　http：//press.jnu.edu.cn

策划编辑：杜小陆　史学英
特约编辑：许莲华
责任编辑：陈绪泉
责任校对：周海燕

排　版：弓设计
印　刷：佛山市浩文彩色印刷有限公司

开　本：787mm×960mm　1/16
印　张：14．5
字　数：193 千
版　次：2013 年 3 月第 1 版
印　次：2013 年 3 月第 1 次

定　价：36．00 元

译　序

广东外语外贸大学仲伟合教授主持的广东省高校人文社会科学重大攻关项目“岭南文化精品外译研究”（2012ZGXM_0008），旨在促进岭南文化在海外主流社会的传播并扩大影响，加深对文化外译这一复杂传播活动的理论认识，为文化外译传播以及外译人才培养提供理论指导，也为提升广东省的文化核心竞争力奠定基础。这个项目中的一个关键词是“外译”，也就是把岭南文化精品翻译成外文进行传播。这牵涉到文化传播的问题，其中有很多环节需要考虑，最基本的比如传播者、传播信息、传播媒介、接受者和传播效果，这五个传播要素紧密相关，环环相扣，形成一条不可分割的传播链。而这个课题最着力之处是岭南文化精品外译传播效果的研究。王海教授的翻译作品《在华天主教报刊》作为该课题的阶段性成果，契合之处当然首先在于翻译。这里面有两层意思：一是指王海翻译这部作品的行为本身；二是指所译作品具体内容即在华天主教报刊，与翻译有着千丝万缕的联系。这些天主教报刊所使用的语言有多种，但大部分使用的是汉语，无论使用何种语言，其中的翻译都是免不了的。

《在华天主教报刊》作者是德国汉学家罗文达（Rudolf Löwenthal，1904—1996）。该书实际上是对1917年至1936年在华天主教报刊活动的一份调查报告，其主要内容及其细节种种在译者的“译后记”中已有记述，这里不再赘述。作为“岭南文化精品外译研究”课题组成员之一，我在这里主要想谈的是，这本书所提到的特定时段在华天主教报刊所采取的宗教传播策略对我们研究岭南文化精品外译传播有什么启示和借鉴。当然，这本书中并没有探讨这些传播策略，只是如实地、详细地记录了特定时间段在华天主教报刊的方方面面，而正是从这些细节我们可以窥探当时在华天主教传教士如何借助报刊进行宗教传播，如何利用报刊去影响人心。从这份调查报告提供的数据来看，这些报刊总体而言对于中国大众接受天主教起到了很好的传播效果，形成了一股影响当时中国社会的强大力量。那么，他们是如何做到这一点的？从上面提到的传播五要素来看，文化传播要想取得良好的接受效果，必须在传播者、传播信息、传播媒介、接受者上下工夫。从该书提供的信息来看，当时天主教的传播者主要是一些在中国扎根的、深谙中国语言和文化的外籍宗教人士或宗教组织，其所传播信息并非都是宗教信息，相反很多是关乎人们日常生活的非宗教信息，比如“每日天气报告”，或者能够促进信息输入国进步与发展的一些专门知识，比如气象学、数学、几何学、医学、哲学、文化、教育等，而这些有利于向大众传播的报刊充当了传播的媒介，其影响的群体即接受者是会识字读报的社会主流人群，他们对整个社会具有更强的影响力。在这个传播过程中，翻译起到了不可或缺的作用。那些深谙中国语言文化的传教士必须精心选择需要翻译的材料，然后翻译成地道的汉语（有白话文，也有文言文），利用报刊进行传播，把传播宗教的话语夹杂或隐含在传播知识和文明的语句中，达到“润物细无声”的传播效果。这种传播效果是我们课题组研究岭南文化精品“外译”时的一个重要方面，也是课题组向广东省政府机关提供文化政策咨询智库的重要内容。

另外，值得一提的是，本书的翻译工作是王海老师带领自己在读的翻译学硕士研究生（MA）和翻译专业硕士研究生（MTI）完成的。通阅全书，我们发现译语流畅，表达准确，对于许多翻译的拦路虎，译者必定考经据典下了不少的工夫。这种翻译模式为在读的翻译专业硕士与社会对翻译的实际需求之间架设了一座桥梁，在两者之间形成良性互动，为 MTI 的翻译实践教学和实习提供了有价值的经验和启示，值得推广。

期望本书的出版能够对读者有所帮助和启迪。

是为序。

穆　雷

广东外语外贸大学

2012 年末于白云山下

前　言

数月前，当作者首次打算对中国天主教报刊进行调查并着手收集资料时，他向尊敬的玛利诺会会士迪茨（Frederick C. Dietz）先生——中华公教教育联合会[①]秘书兼宠光新闻社（Agentia Lumen）社长求助。迪茨确信这样的调查符合即将举办的梵蒂冈世界天主教报刊展览会赞助者的要求，他热心支持作者，并迅速转交苦心珍藏的很多报刊和精心收集的浩繁数据，这些天主教报刊和数据都是他这些年来为举办天主教报刊展览会而搜集的。

无须赘言，若非中华公教教育联合会秘书、宠光新闻社社长兼主编迪茨先生不惜牺牲大量时间，在百忙之中对本次调查予以上述和其他形式的帮助，这项调查在作者看来将不会像如今这样的精准、完整和可靠。

这项调查于1936年3月以文章的形式刊登在《中华公教教育联合会丛刊》（*The Digest of the Synodal Commission*）第9卷第3期上。

这是1917年以来第一次对中国天主教报刊的认真调查。尽管核查得很仔细，但天主教主要报刊目录中仍有可能存在着少数偏差和遗漏。目前天主教报刊变数颇多，流动甚大。新报刊在创办，旧报

① 为依照上海第一次全国公会决议鼓励发展和统一天主教教育和印刷业务起见，1928年2月8日在北平设立了一个中枢机关，由宗座驻华代表直接监督。这个机关的名称是“中华公教教育联合会”（The Synodal Commission）。这个教育委员会除了出版其他出版物之外，还发行一种月刊，用华文、拉丁文、英文、法文四种文字刊印。这种杂志名叫《中华公教教育联合会丛刊》（*The Digest of the Synodal Commission*）（德礼贤：《中国天主教传教史》，第103～104页）。——译注

刊在改版。中国的通信通常缓慢，有时候一些地方的通信甚至完全中断。在如此条件下，调查难以尽善尽美。如有偏差遗漏，可视为无心之失，恳请读者修正补充。

这次报刊调查进行了大量查询，发现了相关的新的文献资料。目前的敌对状态使得这项工作尤其艰难、凶险。在这里，特别感谢尊敬的中国天主教主教会议委员会秘书迪茨和燕京大学刘乐意(George R. Loehr)教授。两人通读书稿并提出了有价值的建议。

目　录

第一部分 在华天主教报刊

一、引 言

（一）领土和人口

目前，中国领土（包括满洲）约为 1 117.356 8 万平方公里或 431.409 7 万平方英里。满洲于 1932 年被日本侵占，其面积约为 119 万平方公里，几乎是中国领土的十分之一。满洲的沦陷对中国极为不利，因为其丰富的物质资源是缓解中国人口压力最为重要的宝地。

中国近 1 120 万平方公里的领土上居住着 4 亿至 5 亿人口，而欧洲 970 万平方公里的面积要为 5 亿人提供居所，两者比较而言，中国的人口密度似乎不高。然而由于种种原因，中国的某些地区，尤其是农村地区，存在着巨大的人口压力。一方面，中国没有大规模的工业来吸收富余的农村劳动力；另一方面，可耕地不足使中国人无法人人有地可耕，全国只有约三分之一的地区有地可耕。因此，农民和佃户拥有的平均土地面积比世界其他地区要低得多。中国人均耕地为 0.4 英亩，而同比美国为 3.6 英亩/人[①]，欧洲为 2.2 英亩/人。

中国大约三分之二的土地无法耕种，这些地区要么人烟稀少，要么杳无人迹。汪又红[②]在对中国的调查中如此总结[③]：

“全国面积达四百万平方公里以上，其中 20% 海拔超过 10 000 米，45% 超过 3 000 米，35% 的地区海拔低于 3 000 米，仅稍稍多于全国面积的三分之一。除了海拔和地势的限制，降雨稀少，分布不均是利用这片大陆的另一大障碍。中国至少有一半的领土每年降雨量不足 200 毫米。”

---

① H. D. Fong. *China's Industrialization*. Shanghai，1931，p. 7.

② 汪又红（W. H. Wong），此处为音译。——译注

③ W. H. Wong. *The Distribution and Land Utilization in China*. Tientsin，1933，pp. 1 – 2.

相对的，在仅占全国领土约15%的狭小的华北平原上居住着约3.1亿居民，占全国总人口的70%。[①] 即便是农村地区，人口密度的估算结果也相当骇人。戴乐仁（J. B. Taylor）[②] 在对中国农村地区经济进行调查后，指出有些地区的人口密度为每平方公里2 640名居民。[③] 即使是世界人口密度最高的印度和日本等国家，其农村地区也不存在像中国那样骇人的压力。

这一问题意义突出，因为有约85%的中国人组建的是依靠农业维生的农民家庭。其余的中国人分散在2 000多个城镇里[④]，其中大多数城镇具有地域（假如不是边远）特点。现代崛起的城市数量稀少，仅局限于沿海、河谷和铁路沿线地区。广州、汉口、南京、北平、上海和天津作为中国最重要的六大城市与经济、文化和政治中心，总人口不超过1 000万，占全国总人口的2%。还需要指出的是，全国只有不超过2 000万的人口，即仅4%的民众生活在具有现代技术设备的城市中。

（二）民族和宗教

谈及民族，中华民国的缔造者孙中山曾说："就中国的民族说，总数是四万万人，当中掺杂的不过是几百万蒙古人，百多万满洲人，几百万西藏人，百几十万回教之突厥人，外来的总数，不过一千万人。"[⑤]

---

① W. H. Wong. *The Distribution and Land Utilization in China*. Tientsin, 1933, pp. 1 - 2.

② 戴乐仁（J. B. Taylor，1878—?），英国传教士，曾在华教学。——译注

③ J. B. Taylor. *The Study of Chinese Rural Economy*. —Ⅱ. The Results of the Famine Commission's Investigation, p. 5, table 1. (Reprinted from "The Chinese Social and Political Science Review", Peiping. Oct., 1923 - Apr., 1924.)

④ J. B. Condiffe. *China Today Economic*. Boston, 1932, p. 75.

⑤ Sun Yat-sen. *The Triple Demism*. —Translated by Father Paschal M. d' Elia, S. J. (English edition) Wuchang, 1931, p. 70, §22. 译文摘自孙文：《三民主义》，中央文物供应社，中华民国七十七年二月，第八、九页。——译注

居住在中国的外国人从数量上来讲几乎是微不足道的。在总计约100 000的外国人当中，有一半即52 000在华外国人聚居在上海。他们分属以下国家：

英国人——22 000

欧洲人（英国除外）——21 300

俄罗斯人——30 000 ~ 50 000

日本人——10 000 ~ 15 000

这些数据并不涵盖被占领的满洲地区。

中国的三大主要宗教为道教、佛教和儒教。三者的宗教和伦理教义联系紧密，三者的礼拜在很多庙宇中彼此相连。所以，人们同时尊奉着三大宗教的教义、伦理和习俗。因此中国教徒的数量根本无从进行统计。此外，还存在着一群人数在800万到1 000万之间，相对集中的伊斯兰教教徒。

在华基督徒总计约400万，其中几近80%是天主教徒。根据最新的反馈信息，信仰基督教新教和天主教的教徒分布如下：

天主教[1]：

天主教徒——2 818 839

新信徒——495 060

总计——3 313 899

基督新教[2]：

圣餐接受者总数——576 000

明确宗教教义者——301 500

总计——877 500

---

① *Annuaire des Misions Catholiques de Chine*, *1936*. Shanghai, 1936.

② Protestant Church Statistics 1932—1933. —（In: *The Chine Year Book*, *1935*. Shanghai, 1935.）

（三）交通

中国现代交通史可以追溯到19世纪末，尽管在过去某些朝代，一套可靠、快捷、覆盖面广的交通体系已经开发并沿用几个世纪之久。即便存在着各种各样的政治、经济困难，但中国仍能如此迅速地建立起新的交通体系，这一点令人钦佩。然而与西方工业化国家的交通标准比较而言，中国的交通状况还有待改善。

目前，中国有大约14 500公里的铁路线，包括被日本占领而丧失控制权的2 800公里满洲铁路。此外，中国还有正在改善和延伸中的100 000公里的公路线。中国的交通线上奔跑着45 000辆到50 000辆各种类型的机动车。[①] 这就意味着，平均每16 000个中国人拥有一辆某种类型的机动车。

根据1931年的最新官方报告，包括平底帆船，中国商船的总吨数达535 587。

中国最便捷的通讯服务是由中国邮政局提供的。通过良好的管理，中国邮政局克服了种种困难，并能依据各地需求和情况来调整现代交通工具。今天，中国邮政系统在近467 000公里长的沿线上提供日常服务。[②]

主要邮递线——241 397

次要邮递线——118 121

汽艇和船只——60 826

铁路——9 424

汽车——25 890

空邮——10 872

显然，中国现在的交通体系不足以覆盖其广袤大地的每个角落。

---

① Fredrick Vincent de Fellner. *Communications in the Far East*. London, 1934, p. 233.

② *Report on the Chinese Post Office*. Shanghai, 1935.

因此，与边远和人迹罕至省份的联系要靠飞机空邮，而飞机也是中国与其他大陆联系最便捷的途径。在中国，飞机定期航线的里程总计约 10 000 公里。中国与欧洲的交通联系由英国、荷兰和法国的航运公司经由印度得以保障，而德国经由俄罗斯的中国大陆航线由于日本侵占满洲而不得不取消。一条中美之间横跨太平洋的航线不久将建立，这条航线将经过火奴鲁鲁、中途岛、威克岛、关岛等太平洋诸岛，飞机在这些中转站暂停并得到补给后，最终降落于华南。

电子通讯在中国同样十分重要。中国电报管理局管理着连接中国主要港口和商业中心约 100 000 公里的线路（1932）[①]，陆地和海洋电缆将中国与世界其他国家和地区连接起来。然而中国的电缆线路在财政上却受制于外国公司。早在 1929 年，无线电台和广播电台建立，中国很大程度上依赖于外国的电报系统。除了无线电话服务将中国主要城镇与外国主要城市相连之外，92 座广播电台已在中国建立，其中 48 座在上海运营。[②]

这些技术手段是交通和宣传得以实施的中介。而包括天主教报刊在内的出版业不得不依赖于交通的效率。

二、在华天主教报刊的开端

基督宗教与中国的关系可追溯到公元 3 世纪甚至更早。公元 7 世纪，关于耶稣的第一本书译成中文；公元 13 世纪，修道士被派往中国进行宗教和政治传道。[③] 一些高士矢志耕耘，使在华天主教从初期就得以发展，一直增长的信徒数量便是明证。目前天主教徒的数

① Louis Beale and Clinton Pelham. *Trade and Economic Conditions in China 1931—1933*. London, 1933, p. 17.

② Reconstruction in China. —Edited by T'ang Leang - li. Shanghai, 1935, p. 286.

③ Paschal M. d'Elia, S'. J.. *The Catholic Mission in China*. Shanghai, 1934.

量已超过300万。

表1　1600年以来中国天主教徒数量①

年份	天主教徒数量	新信徒数量	年份	中国总人口（百万）
1600	400			
1700	300 000			
1800	200 000			
1850	320 000		1842	413.0
1900	741 562		1902	440.0
1907	1 038 000			
1910	1 292 287		1910	438.4
1913	1 406 659	613 002		
1921	2 056 338		1923	436.1
1929	2 377 459	370 833		
1932	2 562 742	350 274	1932	474.0
1933	2 624 166	411 094		
1934	2 623 560	411 184		
1935	2 818 839	495 060	1935	480.5
1936	3 018 428	517 423		
1937	3 082 894	600 560		

康熙帝于1692年颁布《宽容敕令》，最终打开了中国传播天主教的大门。相比之下，雍正帝则对基督教采取敌视态度，并于1724

① 这些天主教徒数字引自P. M. d'Elia. *Catholic Missions*. op. cit.；for the Years 1913 and 1929 form *Atlas Hierarchicus*, ed. by Carolus Streit, S. V. D., Paderborn (Westphalia); 1st ed. 1913, 2nd ed. 1929; for the Years 1936 and 1937 from the *Annuaire des Missions Catholiques de Chine*. Shanghai, 1938 and 1939. 这些不同年份的中国总人口数字引自《中国年鉴》(*China Year Book*. Shanghai, 1935)。

年完全禁止基督教在中国传播。这项措施导致 1700 年到 1800 年间中国基督徒的数量减少了三分之一。

然而在过去的 135 年期间，所有损失都得到了充分弥补。自 1850 年以来，中国基督徒的数量迅速增长，这在很大程度上得益于中国和法国之间签署的条约，该条约保障了宗教自由并减少了传教的障碍。

早期天主教传教士，尤其是耶稣会会士都是印刷方面的专家。他们开始出版宗教文献，旨在传播其宗教思想。除了宗教活动，他们还是第一批把西方科学和工业技术介绍到中国来的外国人。他们从事出版和印刷事业的历史还有待书写，此处只提一事：1584 年末，第一批中文教义问答集印制出版，其中 1 000 份在不足一年时间内发行完毕。[①] 即使中国的印刷术比欧洲国家发明得要早，这样的发行量在当时也相当罕见。然而此次调查因种种原因，仅涉及 19 世纪后半叶发展起来的期刊。

在中国出版的第一份天主教期刊是由上海附近的徐家汇的耶稣会会士创刊的《气象公告》(*Bulletin des observations météorologiques*)。这份科学杂志从 1872 年至今一直由气象站不定期出版发行。

耶稣会会士伯纳德·阿伦斯（Bernard Arens）在关于天主教报刊的调查中提到，截至 19 世纪 70 年代，世界上还没有出现任何中文天主教报纸。[②] 他将当时创刊的报刊中的唯一幸存者——《香港天主教记录报》(*The Hongkong Catholic Register*）认作远东地区第一份天主教报刊。该报在 1877 年由大主教雷蒙迪（Raimondi）创办，持续出版到 1889 年，主要报道香港、中国内地和日本新闻。该报颇

---

① P. M. d'Elia. *Catholic Missions*. op. cit.

② Bernard Arens, S. J. . *Das Katholische Zeitungswesen in Ostasien und Ozeanien*. Aachen, 1918. (Abhandlungen aus Missionskunde und Missionsgeschichte, no. 5. Ed. By Franziskus-Xaverius-Missionsverein.) p. 7.

具实用性，创刊不久便由双周刊改版为周刊。

耶稣会会士不仅站在传教士报刊的潮头，在其他领域也走在前头。耶稣会会士于1879年在上海徐家汇出版了第一份中文宗教报刊《益闻录》。起初报纸每周出版两期，主要报道天主教事务。后在1898年，主编李问渔把报纸更名为《汇报》并改变了报纸的风格。通俗文章、科普文章以及朝廷公告和政治新闻代替了宗教内容，旨在吸引非天主教读者。报纸的发行量很快达到在当时来说相当高的3 000份，从这一方面看报纸是成功的。随着创办人的去世，报纸于1911年关闭，之后以不同形式重新出版发行。

三、1917年在华天主教报刊

根据阿伦斯神父提供的数据，天主教报刊从初期的困顿发展到1917年拥有22种报刊。[1] 大部分天主教出版物以月刊出版，月刊加上周刊超过了总数的四分之三。现存最早的天主教报刊可以追溯到1887年，距今已有近五十年历史。22种报刊内共有15种创办至今。其中11种报刊创办于1903年到1913年期间，10种报刊创办于之后的4年内。

表2　天主教报刊发行年代和周期（1917）

发行周期	1887	1903	1904	1908	1909	1911	1912	1913	1914	1915	1916	1918	总计
日报										1			1
周报			1	1							2		4
半月刊								1					1

① Bernard Arens, S. J. . *Das Katholische Zeitungswesen.* —op. cit. , p. 23.

（续上表）

发行周期	1887	1903	1904	1908	1909	1911	1912	1913	1914	1915	1916	1918	总计
月刊	1	2				2	1	1	4		1	1	13
半年刊					1								1
年刊		1									1		2
总计	1	3	1	1	1	2	1	2	4	1	4	1	22

22 种报刊中，13 种中文报刊，5 种法语报刊，剩下 4 种为拉丁语、英语和葡萄牙语报刊。两大宗教报刊组织是耶稣会和遣使会，两者各拥有 6 种报刊。耶稣会会士强调采用中文印制报刊，仅有 1 种法语报刊，而遣使会会士则出版了 4 种外语报刊，即 3 种法语报刊和 1 种意大利语报刊。当时的方济各会修道士仅有 1 种出版物。

表 3　以语言和传教教团划分的天主教报刊（1917）

宗教教团	中文	法语	葡萄牙语	拉丁语	英语	总计
耶稣会	5	1				6
遣使会	2	3		1		6
中国平信徒	3					3
外国平信徒			1		1	2
巴黎外国传教会	2					2
在俗教士			1			1
方济各会修道士		1				1
圣言会	1					1
总计（1917）	13	5	2	1	1	22
总计（1921）	3	9	1	1	1	15

1921 年有天主教报刊的统计数据①显示报刊总数为 15 种。显然，这项调查只包括著名报刊，并不完整。② 然而有趣的是，法语出版物的增长直到现在也仍排第二位。

表 4　天主教报刊出版地（1917）

省份	城市	日报	周刊	半月刊	月刊	半年刊	年刊	总计
浙江	宁波				1			1
河北	北平				4		1	5
	天津	1	2					3
江苏	上海				4	1	1	6
广西	南宁		1					1
广东	香港				2			2
	澳门				1			1
山东	烟台				1			1
	青岛			1				1
四川	重庆		1					1
总计		1	4	1	13	1	2	22

天主教报刊在 10 个城市出版，以上海、北平和天津为主。这 3 个城市作为出版中心，共出版 14 种报刊，几乎占总数的三分之二。除了 13 种月刊之外，4 种周刊、2 种年刊、1 种日报、1 种半月刊和 1 种半年刊均于 1917 年出版。

---

① China Continuation Committee. *The Christian Occupation of China*. Shanghai，1922，p. 457.

② 根据以上表格所示，中国人创办报刊仅有 3 种，但从 1921 年到现在，依然有 7 种中文报刊和 22 种外文报刊创办，可见，出版物的数量肯定是在 1918 年和 1921 年之间增加的。——译注

四、1935 年在华天主教报刊

（一）天主教徒和报刊分布省份

1917 年之后的 18 年期间，天主教报刊的数量从 22 种攀升到 115 种，增长了 523%。1917 年，报纸在 10 个城镇出版；截至 1935 年，出版报纸的城镇数增长到 43 个。这些事实表明了天主教报刊的活跃程度和宣传的密度。

表 5 天主教徒和报刊分布省份①

地区	人口（百万）	天主教徒人数	新教徒	天主教报刊数量			
				宗教和传教新闻	非宗教新闻	1935 年总计	1917 年
安徽	22.7	106 088	52 651	2		2	
浙江	21.4	92 093	22 464	3	1	4	1
福建	14.5	80 456	3 838	2		2	
河南	31.1	120 890	33 291	1		1	
河北	31.5	765 422	39 097	11	22	33	8
湖南	34.5	63 006	11 454	1		1	
湖北	28.7	140 121	56 760	6	2	8	
甘肃	14.0	23 361	5 389	2		2	
江西	20.4	102 431	15 784	1		1	
江苏	34.0	254 295	34 100	9	15	24	6
广西	12.2	106 431	5 880	1		1	1

① 其中的人口数据引自 *Annuaire des Missions Catholiques de Chine 1939*. Shanghai, 1939；1917 年的报刊数据摘自 Bernard Arens, *Das Katholische Zeitungswesen.* —op. cit.

（续上表）

地区	人口（百万）	天主教徒人数	新教徒	天主教报刊数量			
				宗教和传教新闻	非宗教新闻	1935年总计	1917年
广东	35.4	125 912	7 671	16	2	18	3
贵州	10.5	34 913	11 233	2		2	
满洲	32.0	159 643	58 993				
内蒙古	3.5	126 662	21 630	1		1	
山西	13.5	111 511	22 928	1	2	3	
山东	37.7	239 112	52 930	4	1	5	2
陕西	14.4	71 551	28 753	1		1	
四川	53.5	172 493	6 026	2	2	4	1
云南	15.0	18 248	4 188				
总计	480.5	2 818 839①	495 060	66	47	113	22
美国洛杉矶					2	2	
总计						115	

68种报刊约占报刊总数的60%，集中在6个城市出版。北平和上海领先，分别出版25种和24种报刊，接下来是澳门6种报刊，香港5种，天津和武昌各4种。河北、江苏和广东是天主教报刊的三大出版中心，出版了75种报刊，超过总数的65%，其余报纸则分散在全国的其他地区。

超过总数57%的66种报刊是单纯的宗教报刊，它们要么刊登宗教内容，要么直接关系传教工作，例如刊登传教新闻、传教数据、传教记录和传教的其他信息。30种宗教出版物用中文出版，30种以

① 此处统计有误，应为2 914 639，为尊重原著，全书不作改动。——译注

外文出版，6 种以双语或者多语出版。

约占总数 43% 的 49 种报刊普遍具有非宗教性质，但其中大多数报刊都或多或少包含着宗教内容。以社会、教育和文化为主题的报纸共 17 种，其中包括唯一为女性出版的报纸。

表 6　天主教报刊的发行年代和周期

年代/发行周期	日报	周报	旬报	半月刊	月刊	年发行十次	年发行八次	半月刊	季刊	年发行三次	半年刊	年刊	非周期发行	总计
1872												1		1
1876												1		1
1887					1									1
1902										1				1
1903					1			1				1		3
1904		2												2
1905				1										1
1906	1													1
1907													1	1
1909											1			1
1911					1			1						2
1912		1												1
1913					1									1
1914				1	1									2
1915	2										1			3
1917				1	2							1		4
1919													1	1
1920					2									2
1922					3						1	1		5
1923					1									1

（续上表）

年代/发行周期	日报	周报	旬报	半月刊	月刊	年发行十次	年发行八次	半月刊	季刊	年发行三次	半年刊	年刊	非周期发行	总计
1924				1				1	3			2		7
1925									2					2
1926						1								1
1927							1							1
1928				1	4	1		1				1		8
1929		1	1		2			1						5
1930					2				1		1	1		5
1931					2	1			1		1			5
1932					5						1			6
1933		2			4	1						1		8
1934			1		3	1			2		4			11
1935		5	1	1	4						2		1	14
1936									1					1
不明年份					5								1	6
总计	3	11	3	6	44	5	1	5	10	1	12	10	4	115

（二）天主教报刊的发行年代和周期

在115种天主教出版物中，月刊位居榜首，接下来是半年刊、周报和季刊。这三种出版周期最能见效，三种出版周期的出版物多从1928年创办至今便是明证。

报刊的出版年代则可分为四个不同阶段，而这四个阶段表现了天主教报刊的作用和其传教事业的逐渐加强。第一阶段为1902年以前，期间仅有3种报刊生存下来。第二阶段为1902年到1913年，期间 14 种新报刊创立。截至 1927 年底国民政府成立之前，第一次世界大战期间和战后传教事业得以推进，期间便是第三阶段。13 年间 29 种报刊创刊，占总数的 25%。此阶段有一件要事——1922 年 8 月 9 日宗座代表[①]被派驻中国。第一位罗马天主教宗座驻华代表[②]，大主教刚恒毅（Celso Costantini）[③] 抵达中国，为在华天主教报刊活动注入了活力，他在位的前四年，有不少于 15 种报纸创刊。

第四个阶段始于 1928 年国民政府的成立，截至现在。由于许多传教的障碍得以清除，在这 8 年中创刊了 69 种报刊，占总数的 60%。这期间报刊数量的增加很大程度上归功于宗座代表关于报刊的积极态度。在刚恒毅由于长期的身体不适而卸任后[④]，第二任大主教玛利奥·蔡宁（Mario Zanin，任期 1933—1945）于 1933 年 12 月 5 日继任，作为罗马教廷的驻华代表。在玛利奥·蔡宁任期的前 2 年（1933—1934），超过 25 种报刊出版，约占创刊报刊总数的 22%。

此阶段，66 种出版物具有单纯的宗教特征，刊登传教新闻和相关信息；而 49 种报刊致力于非宗教性话题。

在非宗教性报刊中，7 种具备报纸的特征，其中 2 种为日报。所

---

① 罗马天主教教皇派驻在外的代表，特别是驻扎在和梵蒂冈教廷没有外交关系的国家。——译注

② 中国幅员广阔，因之传教区域也经分疆划界，界限分明。各属的教区分为三种，第一种叫“宗座代牧区”，简称“宗代区”，设一主教，管辖全区教务。这位主教称为“宗座代牧”。第二种叫“宗座监牧区”，简称“宗监区”。第三种叫“自立传教区”，简称“自立区”。管辖后两种全区教务的，是一位没有主教职衔的司铎，称为“宗座监牧”或“自立区的区长”。这种办法可以免除派在各该教区内教士们种种琐细的困难，使他们可以在指定区域内自由发展。直到 1924 年止，各属教区都是专托修会管理的，包括外方传教会在内（德礼贤:《中国天主教传教史》，第 115 页）。——译注

③ 刚恒毅（1876—1958），字高伟，意大利人。本名 Celso Benigno Luigi Cardinal Costantini，全名为刚恒毅枢机（Cardinal Celso Costantini）。中国天主教历史上著名的人物，第一任罗马天主教宗座驻华代表。刚恒毅曾任中国教会之密友、主徒会创办人、传信部次长。主徒会为纪念他，在台北创办了恒毅中学及恒毅月刊，在马来西亚成立了刚恒毅研究中心。刚恒毅有关中国教会、福传、神修、艺术方面的著作已被译成中文。——译注

④ 刚恒毅在 1935 年 12 月升职为万民福音部秘书长。

有这些报刊都刊登宗教性质的文章和评论，力求用天主教的观点影响读者。

还有13种纯粹的非宗教性报刊，其中12种由耶稣会出版。耶稣会出版的报刊中8种有关气象学、几何学及其类似的话题，3种有关科学和技术，1种有关医学。在这13种出版物中，1种关于东方学的半年刊期刊由圣言会出版发行。

非宗教报刊中还有另外13种杂志，主要刊登文化、教育、哲学以及社会经济问题。其中1种杂志专供女性读者。

另一个种类的杂志包括1种大学杂志，4种由学生直接出版的期刊。其中两种期刊暂时停办，期刊部分由另一期刊代办。余下两种刊登关于艺术、文学、教育和哲学的内容。

最后一个种类包括11种由校园和校友创办的出版物。其中两种出版物以教育和文化为主题，但是这些出版物仍带有一定的宗教性质。

表7 天主教报刊的数量、发行和特征①

发行周期	中文		外文		双语和多语		总数		总计
	宗教和传教新闻	非宗教新闻	宗教和传教新闻	非宗教新闻	宗教和传教新闻	非宗教新闻	宗教和传教新闻	非宗教新闻	
日报		2∶31 500		1∶110				3∶31 610	3∶31 610
周报	2∶1 100	3∶5 400	2∶900	1∶900	1∶300	2∶3 500	5∶2 300	6∶9 800	11∶12 100
旬刊	1∶2 450	2∶3 640					1∶2 450	2∶3 640	3∶6 090
半月刊	3∶3 600		2∶1 520	1∶200			5∶5 120	1∶200	6∶5 320
月刊	14∶39 150	8∶8 000	16∶10 940	3∶3 400	2∶2 650	1∶200	32∶52 740	12∶11 600	44∶64 340
每年十次发行	2∶2 400					2∶1 350	2∶2 400	3∶3 350	5∶5 750
每年八次发行		1∶2 000						1∶400	1∶400
半月刊		1∶400	4∶3 900		1∶900		5∶4 800		5∶4 800

① 表中部分数据统计有误，为尊重作者原著，保持原貌。——译注

（续上表）

发行周期	中文		外文		双语和多语		总数		总计
	宗教和传教新闻	非宗教新闻	宗教和传教新闻	非宗教新闻	宗教和传教新闻	非宗教新闻	宗教和传教新闻	非宗教新闻	
季刊	3：2 800	3：1 220	4：3 600				7：6 400	3：1 220	10：7 620
每年三次发行			1：—				1：—		1：—
半年刊	1：1 400	4：3 100		2：500		5：2 650	1：1 400	11：6 250	12：7 650
年刊	3：1 100	1：400	1：1 000	2：475	2：900	1：350	6：3 000	4：1 225	10：4 225
非周期性发行	1：250			2：630		1：100	1：250	3：730	4：980

（三）天主教报刊的语言

115 种报刊用 8 种语言出版，其中中文报刊 55 种，外国语报刊 42 种，双语或多语报刊 18 种。

中文报刊大多使用白话，有时文章语言也趋近于文言文（文理）。然而白话仍是主流，因为白话更易被各个阶层的读者所理解。

其中一种中文报刊运用了罗马字体，其符号或字母便于学习，但罗马字体的使用有限。

表 8　天主教报刊的语言和发行量

发行周期	中文	法语	英语	意大利语	葡萄牙语	西班牙语	拉丁语	德语	双语和多语	总计
日报	2：31 500		1：110							3：31 610
周刊	5：6 500	1：900	2：900						3：3 800	11：12 100
旬刊	3：6 090									3：6 090
半月刊	3：3 600	1：200			1：1 320		1：200			6：5 320
月刊	22：44 275	9：3 650	4：6 100	3：1 240	1：350	2：2 800			3：2 850	44：61 265
年十次发行	3：4 400								2：1 350	5：5 750
年八次发行	1：400									1：400
半月刊		3：3 100				1：800			1：900	5：4 800

（续上表）

发行周期	中文	法语	英语	意大利语	葡萄牙语	西班牙语	拉丁语	德语	双语和多语	总计
季刊	6：4 020		1：1 100		1：2 000		1：400	1：400		10：7 620①
年三次发行		1：—								1：—
半年刊	5：4 500	2：500							5：2 650	12：7 650
年刊	4：1 500	3：1 475							3：1 250	10：4 225
非周期性发行	1：250	2：630							1：100	4：980
总计	55	22	8	3	3	3	2	1	18	115：—
根据国籍统计的传教士数据	22	比利时、法国、瑞士 34	美国、加拿大、爱尔兰 15	24	1	11		15	其他 4	126

30 种中文报刊刊登纯粹的宗教内容或传教新闻。余下 25 种要么是非宗教性报刊，要么超出单纯宗教领域。然而在大部分报刊中宗教影响都有迹可循。除了上述 55 种报刊外，在 18 种双语和多语报刊中，中文被采用 17 次，中文的主宰地位无法被超越。

30 种外语报刊完全报道宗教领域事务，包括传教新闻。只有 12 种报刊具有非宗教性质。法语占主导地位，共有 22 种报刊使用，其次是英语，有 8 种报刊使用。这两种语言在双语和多语报刊中被采用的次数分别为 9 次和 10 次。用西班牙语、葡萄牙语和拉丁语出版的报刊各有 1 种。除此之外，还有 2 种拉丁文报刊，而 4 种双语报刊采用了拉丁文。1 种报刊用德语出版。

在 18 种双语和多语期刊中，有 12 种或三分之二的报刊具有不同程度的非宗教性质。在 18 种报刊中，中文被采用 17 次，英语 10 次（包括美国出版的 2 种中英文出版物），法语 9 次，拉丁文 4 次。

（四）天主教报刊的发行量

至于报刊的发行量，每期发行 500 份以下的有 47 种报刊。其中

① 此处统计有误，应为 7 920。

26 种为月刊或发行更频繁的刊物，21 种每年发行少于 12 次。此种发行量的报刊有 24 种具有宗教性质，其余则有关其他主题，7 种有关科学，10 种有关校友和校园新闻，6 种有关社会和文化。此种发行量的报刊有 20 种用中文出版，21 种用外语出版，6 种用双语或者多语出版。

发行量在 500 份到 1 000 份之间的有 30 种报刊。其中 15 种为月刊或发行更频繁的刊物，15 种每年发行少于 12 次。除了 12 种中文和 10 种外文报刊之外，此种发行量的报刊还包括 8 种双语报刊。这些报刊中的 15 种具有纯粹的宗教性质。其余 15 种报刊中，5 种有关文化，2 种有关科学问题，6 种为大学或校园期刊，2 种具有报纸性质。

发行量介于 1 000 份到 2 000 份之间的报刊有 18 种，其中仅有 4 种非宗教性报刊，即 2 种报纸和 2 种科技期刊。这种发行量的报刊中有 8 种报纸用中文出版，7 种用外语出版，3 种用双语或多语出版。

发行量介于 2 000 份和 3 000 份之间的 8 种出版物中，5 种为月刊或发行更频繁的刊物，其余 3 种每年发行少于 12 次。3 种用中文出版，4 种用外语出版，1 种用双语出版。除了 5 种宗教报刊之外，还有 2 种报刊刊登哲学和文化话题，其中之一为中文报纸。

8 种出版物的发行量介于 3 000 份和 4 000 份之间，都用中文出版，每年发行超过 12 次。4 种为宗教性期刊，其余 4 种刊登文化和教育话题。

4 种中文报刊的发行量在 5 000 份以上。天津《益世报》(*Social Welfare*)是一种世俗化的日报，发行量达 30 000 份。另外，上海耶稣会出版的 2 种宗教月刊《祈祷宗会主保单》(*Apostleship of Prayer Leaflet*)和《圣心报》(*Sacred Heart Messenger*)，发行量分别为 14 500份和 5 200 份。最后，米兰外方传教会在香港创办的中文半月刊《公教报》(*Catholic News*)的月发行量达到 5 000 份。

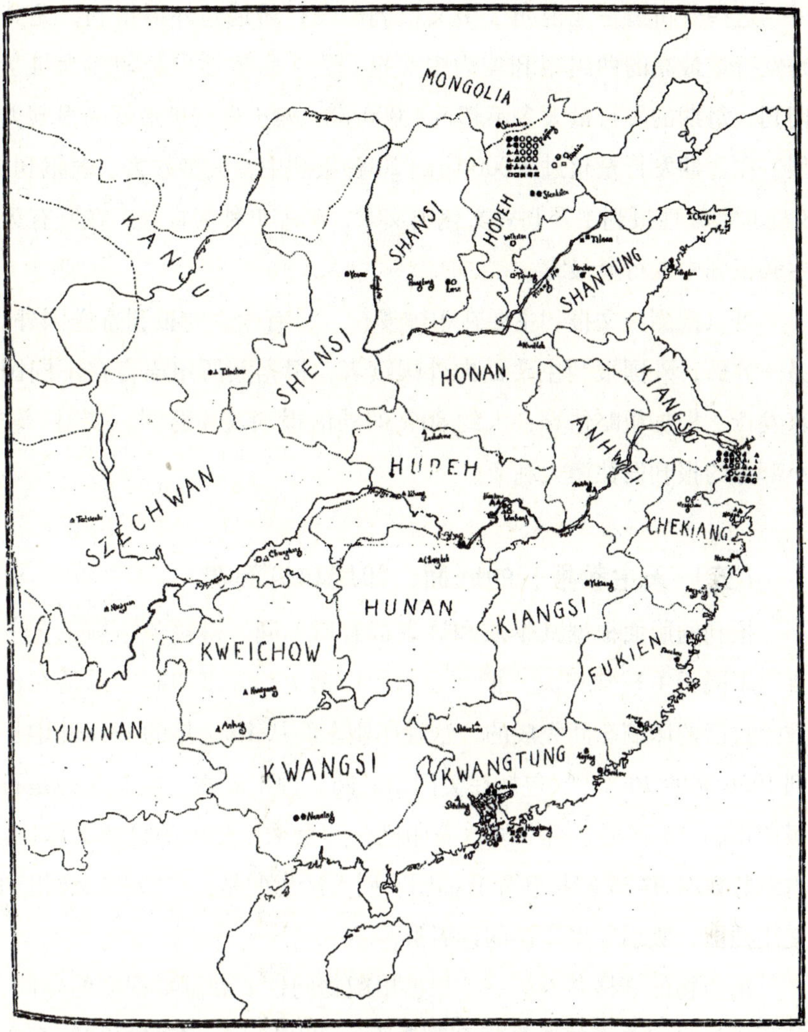

图　例

● = 中文宗教报刊	△ = 外文非宗教报刊
○ = 中文非宗教报刊	■ = 双语或多语宗教报刊
▲ = 外文宗教报刊	□ = 双语或多语非宗教报刊

吉延昌为中华公教教育联合会绘制

图 1　在华天主教报刊分布图

这些分析清楚地说明了中文报刊的发行量远超外语报刊，尤其是发行量最高的两组报刊均为中文报刊。非宗教性出版物多为科学期刊，每期的发行量大多不超过1 000份，属于发行量最低的报刊类型。在每期发行量超过2 000份的20种报刊中，大多数为宗教报刊。8种非宗教性报刊主要刊登文化类文章，其中1种为日报，在所有天主教报刊中发行量最大。

可以推测中文报刊主要在中国发行，只有很少的报刊寄送国外。另一方面，外国报刊主要面向外国读者，根据其所用语言在不同国家发行。根据粗略估算，大约80%的外语报刊发往欧洲、美国，较小部分的报刊发往澳大利亚。

（五）天主教报刊的版面、印刷和订阅费

报刊的版面根据其本质和读者群有所不同。得益于印刷工艺一直以来同天主教堂相关，报刊通常印刷精美。许多印刷工作是在传教团自己的印刷车间完成的。这种印刷车间从1921年的13家①增长到1936年的26家②。包括在美国出版的2种出版物，共有9种是石版印刷的，5种报刊用中国竹简印刷，其余采用外国的机械纸印刷。占总数30%的35家报刊配有插图。引人注意的是，一些非宗教报刊使用插图，吸引了更广泛的读者群。

出版物的规格并不统一。根据出版物的性质和重要程度的异同，其页码从只印单面的单页报刊到数百个页码不等，有些报刊甚至有书本一样的大小。

报刊版式也有很大不同。82种出版物采用26公分×18公分或者更小的版式，23种出版物采用34公分×22公分或者更大的版式，

① *The Christian Occupation of China*. op. cit. , p. 457.

② *Annuaire des Missions Catholiques de Chine*（《中国天主教教务年报》），*1936*. — op. cit. , p. 50 “E” .

而9种出版物采用报纸版式出版。

出版物的价格也大相径庭。一份报刊的价格从2分到1元不等，年订阅费根据特定报刊的规格、性质和发行周期从20分到15元不等。

34种报刊免费发行，其中大多数用外语出版。除特意为保持传教士之间的联系而在中国国内发行的小部分外，大部分报刊在国外发行，旨在为传教事业向资助人募捐或同其本国的传教组织保持联系。这些报刊中的23种采用外语出版，4种用双语，只有7种用中文出版。

（六）天主教报刊的地理分布

在华天主教报刊的主要出版中心是河北省、江苏省、广东省。这3个省份出版75种报刊，约占总数的65%。1917年以来，这3个省发行的报刊数量从17种增加到75种，增长了435%。

表9　在华天主教报刊的分布（1935）

出版地		中文		外语		双语和多语		总数		总计
省份	城市	宗教和传教新闻	非宗教新闻	宗教和传教新闻	非宗教新闻	宗教和传教新闻	非宗教新闻	宗教和传教新闻	非宗教新闻	
安徽	安庆	1		1				2		2
察哈尔	绥化	1						1		1
浙江	海门	1						1		1
	杭州		1						1	1
	宁波			1				1		1
	平阳	1						1		1
福建	厦门	1						1		1
	福州	1						1		1
河南	归德			1				1		1

（续上表）

出版地		中文		外语		双语和多语		总数		总计
省份	城市	宗教和传教新闻	非宗教新闻	宗教和传教新闻	非宗教新闻	宗教和传教新闻	非宗教新闻	宗教和传教新闻	非宗教新闻	
河北	北平	2	12	4	2	3	2	9	16	25
	献县	2						2		2
	大名						1		1	1
	天津		3				1		4	4
	魏县		1						1	1
湖南	常德			1				1		1
湖北	汉口			2				2		2
	宜昌			1				1		1
	老河口			1				1		1
	武昌	1	1	1			1	2	2	4
甘肃	秦州	1		1				2		2
江西	余江	1						1		1
江苏	上海	5	2	3	9	1	4	9	15	24
广西	南宁	1						1		1
广东（包括香港和澳门）	广州	2		1				3		3
	香港	1		3		1		5		5
	Kaying	1						1		1
	澳门	2	2	2				4	2	6
	肇庆			1				1		1
	韶州			1				1		1
	汕头	1						1		1
贵州	安龙			1				1		1
	贵阳			1				1		1
山西	洪洞		1						1	1
	潞安	1	1					1	1	2

（续上表）

出版地		中文		外语		双语和多语		总数		总计
省份	城市	宗教和传教新闻	非宗教新闻	宗教和传教新闻	非宗教新闻	宗教和传教新闻	非宗教新闻	宗教和传教新闻	非宗教新闻	
山东	烟台			1				1		1
	济南					1	1	1	1	2
	青岛	1						1		1
	兖州	1						1		1
陕西	延安	1						1		1
四川	重庆		1		1				2	2
	宁远			1				1		1
	康定			1				1		1
美国	旧金山						2		2	2
总数		30	25	30	12	6	12	66	49	115

河北

河北省的33种杂志主要集中在北平，北平报刊占据领先地位。25种报刊在北平出版，4种在天津发行。剩下的报纸则分布在全省各地。

表9a　河北的天主教报刊

发行周期	中文		外文		双语和多语		总数		总计
	宗教和传教新闻	非宗教新闻	宗教和传教新闻	非宗教新闻	宗教和传教新闻	非宗教新闻	宗教和传教新闻	非宗教新闻	
日报		2：31 500						2：31 500	2：31 500
周报	1：300	2：4 500	1：300				2：600	2：4 500	4：5 100
旬刊	1：2 450	1：3 500					1：2 450	1：3 500	2：5 950
月刊		4：4 150	1：150	2：2 900	1：1 150		2：1 300	6：7 050	8：8 350
每年十次发行		1：2 000				1：850		2：2 850	2：2 850

（续上表）

发行周期	中文		外文		双语和多语		总数		总计
	宗教和传教新闻	非宗教新闻	宗教和传教新闻	非宗教新闻	宗教和传教新闻	非宗教新闻	宗教和传教新闻	非宗教新闻	
半月刊			1：1 700		1：900		2：2 600		2：2 600
季刊	2：2 500	2：900	1：400				3：2 900	2：900	5：3 800
半年刊		3：1 220				3：1 650		6：2 870	6：2 870
年刊		1：400	1：1 000				1：400	1：1 000	2：1 400

江苏

紧接着是江苏省出版的24种期刊。除了1种报刊在南京出版之外，其余的都在上海出版。这些报刊均由耶稣会出版。

表9b　江苏的天主教报刊

发行周期	中文		外文		双语和多语		总数		总计
	宗教和传教新闻	非宗教新闻	宗教和传教新闻	非宗教新闻	宗教和传教新闻	非宗教新闻	宗教和传教新闻	非宗教新闻	
日报				1：110				1：110	1：110
周报			1：500				1：500		1：500
半月刊				1：200				1：200	1：200
月刊	3：23 500			1：500			3：23 500	1：500	4：24 000
每年十次发行	2：2 500					1：500	2：2 500	1：500	3：3 000
每年八次发行		1：400						1：400	1：400
季刊			1：1 100				1：1 100		1：1 100
每年三次发行			1：—				1：—		1：—
半年刊		1：1 500		2：500		2：600		5：2 600	5：2 600
年刊				2：475	1：900	1：350	1：900	3：825	4：1 725
非周期性发行				2：630				2：630	2：630

广东

广东省共有 18 种报刊出版，澳门、香港和广州是出版中心，分别有 6 种、5 种和 3 种出版物。

表 9c　广东的天主教报刊

发行周期	中文		外文	双语	总数		总计
	宗教和传教新闻	非宗教新闻	宗教和传教新闻	宗教和传教新闻	宗教和传教新闻	非宗教新闻	
半月刊			1 : 1 320		1 : 1 320		1 : 1 320
月刊	4 : 9 300	1 : 300	6 : 4 650		10 : 13 950	1 : 300	11 : 14 250
季刊	1 : 300	1 : 320	1 : 2 000		2 : 2 300	1 : 320	3 : 2 620
半年刊	1 : 1 400				1 : 1 400		1 : 1 400
年刊	1 : —			1 : —	2 : —		2 : —

湖北

在湖北省的 8 种报刊中，有 4 种报刊在武昌出版。6 种报刊是纯粹的宗教报刊。

表 9d　湖北的天主教报刊

发行周期	中文		外文	双语	总数		总计
	宗教和传教新闻	非宗教新闻	宗教和传教新闻	非宗教新闻	宗教和传教新闻	非宗教新闻	
周刊			1 : 400	1 : 1 500	1 : 400	1 : 1 500	2 : 1 900
半月刊			1 : 200		1 : 200		1 : 200
月刊	1 : 3 000	1 : 300	3 : 2 940		4 : 5 940	1 : 300	5 : 6 240

山东

方济会和圣言会在山东省的 4 个城市出版报刊 5 种。其中 4 种报刊报道宗教和传教新闻。

表 9e 山东的天主教报刊

发行周期	中文	外文	双语		总数		总计
	宗教和传教新闻	非宗教新闻	宗教新闻	非宗教新闻	宗教和传教新闻	非宗教新闻	
周刊				1：2 000		1：2 000	1：2 000
半月刊	1：1 300				1：1 300		1：1 300
月刊			1：1 500		1：1 500		1：1 500
半月刊		1：900			1：900		1：900
年刊	1：1 000				1：1 000		1：1 000

四川

在四川省，巴黎外方传教会出版了 4 种报刊，其中 3 种用法语出版，且这 4 种报刊中有 2 种是宗教报刊。

表 9f 四川的天主教报刊

发行周期	中文	外文		总数		总计
	非宗教新闻	宗教新闻	非宗教新闻	宗教和传教新闻	非宗教新闻	
周刊	1： 900		1：900		2：1 800	2：1 800
月刊		2：200		2：200		2：200

浙江

浙江省是遣使会的活动范围，遣使会在此出版了 4 种报刊。浙江较为重视用中文出版报刊，3 种月刊均用中文出版。

表 9g　浙江的天主教报刊

发行周期	中文		法语	总数		总计
	宗教和传教新闻	非宗教新闻	宗教新闻	宗教和传教新闻	非宗教新闻	
月刊	2：850	1：3 000		2：850	1：3 000	3：3 850
半月刊			1：500	1：500		1：500

山西

山西省出版 3 种小型期刊，它们的影响力仅限于地方。

表 9h　山西的天主教报刊

发行周期	中文		总数		总计
	宗教新闻	非宗教新闻	宗教新闻	非宗教新闻	
旬刊		1：140		1：140	1：140
月刊		1：250		1：250	1：250
年刊	1：100		1：100		1：100

安徽、福建、甘肃和贵州

安徽、福建、甘肃和贵州 4 省各有 2 种报刊。

表 9i　安徽的天主教报刊

发行周期	中文	西班牙语	总计
	宗教新闻	宗教和传教新闻	
月刊	1：600		1：600
半月刊		1：800	1：800

表 9j　福建的天主教报刊

发行周期	中文	总数
	宗教新闻	
周刊	1：800	1：800
半月刊	1：500	1：500

表 9k　甘肃的天主教报刊

发行周期	中文	德语	总数
	宗教新闻	宗教和传教新闻	
半月刊	1：100		1：100
季刊		1：800	1：800

表 9l　贵州的天主教报刊

发行周期	法语	总数
	宗教和传教新闻	
月刊	2：100～200	2：100～200

其他省份

在河南、湖南、江西、广西、内蒙古和陕西等 6 个省份，各出版 1 种宗教月刊。在这 6 种报刊中，4 种用中文出版，2 种用西班牙语出版。

表 9m　河南、湖南、江西、广西、内蒙古和陕西等省的天主教报刊

省份	中文	西班牙语
河南		1：2 000
湖南		1：600～1 000
江西	1：250	

（续上表）

省份	中文	西班牙语
广西	1∶400	
内蒙古	1∶1 250	
陕西	1∶400	

然而，两种在美国出版的中英杂志不应该被忽略，因为它们是由旧金山中国天主教会的中国人出版的。这两种杂志的内容都是关于宗教和教育的，其发行量相对较小。

五、天主教传道会的报刊活动

中国天主教信徒多达 2 818 839 人，其中还不包括新信徒 495 060 人，他们尽管尚未接受洗礼，却已经接受了明确的宗教教育。而供职于天主教的人数很多：传教士约有 11 000 人，中国人几乎占其中的 56%。①

表 10　天主教传教士班底

头衔/国籍	外国人	中国人	总计
大主教（教廷使节）	1		1
主教	80	13	93
牧师	2 481	1 734	4 215
男修士	532	635	1 167
神学院学生	82	6 862	6 944
修女	1 995	3 418	5 413
总计	5 171	12 662	17 833

① *Annuaire des Missions Catholiques de Chine 1936*. —op. cit. , p. 27 “B”.

13 所传教机构共有 105 个传教团，有大约 2 573 553 名天主教教徒，占总数的 91. 3%。这些教团都出版了报刊。余下 14 所机构有 21 个传教团，有天主教徒 245 286 位，这些教团没有创办自己的报刊。

下面的表格根据出版报刊的不同传教机构以及报刊的语言和性质列出了多种报刊。

表 11　各传教机构出版的天主教报刊

传教机构	中文		外文		双语和多语		总数		总计
	宗教和传教新闻	非宗教新闻	宗教和传教新闻	非宗教新闻	宗教和传教新闻	非宗教新闻	宗教和传教新闻	非宗教新闻	
耶稣会	8	3	5	9	1	6	14	18	32
方济会	3	2	6		1	2	10	4	14
巴黎外方传教会	4	1	6	1			10	2	12
遣使会	2	2	4	1	1		7	3	10
中国遣使会	1						1		1
圣言会	2	1		1		1	2	3	5
公教进行会	1	1			1	1	2	2	4
中华公教教育联合会	1	3					1	3	4
慈幼会	1	2	1				2	2	4
修会圣职人员	1		2				3		3
中国修会圣职人员	1	2					1	2	3
西班牙圣芳济各嘉布会	1		1				2		2
多敏我会	2						2		2

（续上表）

传教机构	中文		外文		双语和多语		总数		总计
	宗教和传教新闻	非宗教新闻	宗教和传教新闻	非宗教新闻	宗教和传教新闻	非宗教新闻	宗教和传教新闻	非宗教新闻	
米兰外方传教会	1		1				2		2
特拉普教派			1		1		2		2
奥斯定会			1				1		1
重整思定会			1				1		1
玛利诺外方传教会	1						1		1
旧金山中华宣道会						2		2	2
世俗会		8	1		1		2	8	10
总计	30	25	30	12	6	12	66	49	115

中华公教教育联合会

中华公教教育联合会于1924年在第一届中国天主教理事会全会的建议下创立①，是一个由5位经验丰富的神父组成的常任委员会。每位神父由宗座代表定期任命。② 该委员会关注宏观而非地方性的传教事务，诸如教育、报刊、天主教行动、医药传教等。

① 中华公教教育联合会创办于1928年2月8日，而不是1924年。此处为作者笔误。——译注

② 中华公教教育联合会现任委员：会长奥多·米特勒（Theodor Mittler），《中华公教教育联合会丛刊》创办人和前任主编；财务主管迪茨（Frederick C. Dietz），玛利诺会会士，宠光通讯社主管；约瑟夫·吕滕（Joseph Rutten），圣母圣心会，神学院和医学差会督学；保罗·于平（Paul Yü Pin），遣使会天主教教育会会长，天主教行动委员会全国督导；爱德华·伯德费尔德（Edward Bödefeld），方济各会《中华公教教育联合会丛刊》现任主编；勒内·弗拉芒（René Flament），华人教区参事。

表 11a　中华公教教育联合会出版的报刊

发行周期	报刊数量和发行量
周刊	2：600
旬刊	1：3 500
每年十次发行刊	1：850

《中华公教教育联合会丛刊》（*Collectanea Commissionis Synodalis*）是中华公教教育联合会的会刊。这份学术杂志称得上是“中国基督教会回忆录”，它在刚恒毅大主教的指导下由奥多·米特勒（Theodor Mittler，即苗司铎）于 1928 年创刊。《中华公教教育联合会丛刊》的出版初衷是作为在华传教士的回忆录，作为传教士交流观点和经历的中介，并提供关于中国历史和文化、语言、教育态势、使徒方法和其他传道相关问题的理论和实践信息。

经过 8 年坚持不懈的开拓，《中华公教教育联合会丛刊》建立了良好的声誉，米特勒神父于 1935 年卸任后，工作由现任主编爱德华·伯德费尔德（Edward Bödefeld）牧师接替，爱德华极大地开拓了杂志的采写和发行范围。

宠光通讯社是一家每周发布新闻信息的通讯社，创办于 1935 年初，也是中国天主教主教会议委员会的企业之一。它由玛利诺会会士迪茨组建和领导。通讯社每周发布大约 275 条新闻信息，包括 220 条中文信息（8 页到 10 页），210 条英语和法语信息（通常 12 页）。这些信息由约 50 种天主教中文报刊，在华的 24 种天主教和 7 种非天主教的外语期刊，国外的 19 种报纸和期刊以及 7 家新闻通讯社共享。来自中国的天主教新闻通常占每期发布新闻的一半或者更高的比例，另一半数量大致相当的新闻则是世界其他地区的天主教新闻。

中国天主教主教会议委员会还出版《公教学校》期刊，由公教教育会会长于斌（John A. Niu）① 牧师负责。因为于斌博士工作繁忙，经常不在北平，出版事务实际上由其秘书牛若望监管。

公教进行会②

公教进行会总部位于北平，受宗座驻华代表直接监管，会长就是上文提到的于斌博士。于博士在整个中国的公教进行会理事会和每个公教进行会分部的特定全国指导理事会——男性、妇女、青年和知识分子的帮助下开展工作。

表 11b　公教进行会出版的报刊

出版周期	报刊数量和发行量
旬刊	1：2 450
月刊	1：4 000
每年出版十期刊	1：2 000
季刊	1：400

① 于斌（John A. Niu，1901—1978），号冠五、希岳，后改号野声，双庙子（今黑龙江省兰西县）人，教育家。1919 年，毕业于黑龙江省立第一师范学校。“五四”运动期间曾领导学生集会，宣传抵制日货。1921 年，于上海复旦大学法科毕业。1924 年，赴梵蒂冈乌尔朋大学（罗马传信大学）留学，获哲学博士学位。1928 年 12 月 22 日，任神父，次年获神学博士学位，任雅苞莉学院教授。1929—1933 年，于斌曾获阿比西尼亚国王授予的五星勋章、意大利国立政治大学颁授的政治学博士学衔、加拿大等国的大学授予的名誉社会学（法学、文学）博士名衔。1933 年，被罗马教皇庇护十一世委任为中华全国公教进行会总监，同年 12 月兼任教廷驻华代表公署秘书、中华公教教育联合会会员、北平辅仁大学董事兼伦理学教授。1934 年任中华全国公教学校视察专员（主任）。1936 年 7 月 7 日罗马教廷任命他为南京教区主教。1937 年之后，于斌在美国纽约创办英文《中国日报》，在华盛顿开办美京“中国文化学院”。1938—1943 年，他数次出访欧美，宣传“拥蒋反共”和抗日主张。1945 年后，在蒋介石的支持下，于斌在南京、上海、北平、天津、重庆和西安六城市创办《益世报》，创办“天主教文化协进会”、“宗教徒联谊会”、“光启学会”、“相伯编译馆”等。1959 年任台湾辅仁大学校长、台北教区总主教。1969 年，被立为台湾第二任红衣主教。1978 年猝死于梵蒂冈。——译注

② The *Malaya Catholic Leader of Catholic Action in Singapore Has Been Dealt with among the Periodicals Published Abroad.*

北平的公教进行会总部出版4种几近全国发行的中文报刊。其中宗教、文化和哲学月刊《新北辰》（*The New North Star*）的发行量领先，为4 000份，而纯粹宗教机关报刊《公教进行》（*Catholic Action*）的发行量也达到2 450份。面向青年的宗教教育杂志《磐石杂志》（*The Rock Review*）于1933年在天主教大学创刊，在1935年初由公教进行会接管，成为男青年协会的机关报刊，其发行量达到2 000份。《公教妇女》（*Catholic Womanhood*）的创刊日期可以追溯到1934年，这份宗教和社会期刊是唯一针对妇女的天主教出版物。

耶稣会

会员：598；教区总人口：5 200万；教徒：407 861①。

耶稣会有江苏省、河北省和安徽省的7支传教社团代表。尽管耶稣会的教徒数量相对较少，但是耶稣会在宣教和科学传播方面处于领先地位。耶稣会的优势是在华传教历史长，为保持这一传统优势，他们进行了大量工作。

耶稣会经营4家印刷厂，其中2家局限于地方，另外2家则享誉全国。所有天主教印刷厂中最大的在上海，这家厂的140名工人在1936—1937财年印制大约500 000份书籍、小册子和报刊，在1937—1938财年印制241 000份。河北省献县的印刷厂同期分别印制100 000多份和80 000多份。尽管耶稣会的某些出版物的规格较小，但是它们却吸引了非天主教群体的关注。除了出版物目录中所列举的800种报刊之外，由天津耶稣会学术机构编辑的三类著述也引起了大众的特别兴趣，即“中国现代法律”(29)、“经济研究”(14)和“文化系列”(7)。

---

① 以上数据引自 *Annuaire des Missions Catholique de Chine*, *1939*. op. cit. , p. 20. 其他传教社团的相关数据来源相同。

表 11c　耶稣会出版的报刊

出版周期	报刊数量和发行量
日报	1：110
周刊	1：1 500
双周刊	1：200
月刊	6：26 000
每年出版十期刊	3：2 900
每年出版八期刊	1：400
半月刊	1：800
季刊	4：5 600
每年出版三期刊	1：—
半年刊	7：3 900
年刊	4：1 725
非周期刊	2：630

耶稣会创办的 32 种报刊占总数的 27%，其中 14 种期刊是纯粹的宗教内容，18 种报刊要么是科技性质，要么无关宗教领域。11 种报刊用中文出版，另有 7 种双语出版的报刊用到中文。9 种报刊单用法语出版，另有 6 种双语出版的报刊用到法语。仅有 3 种报刊单用英语出版，另有 2 种双语报刊用到英语。除此之外，1 种报刊用西班牙语出版，1 种用葡萄牙语出版。

在 32 种耶稣会报刊中，有 23 种在上海出版。8 种中文宗教报纸的代表是《圣心报》，为中国办刊时间最长的宗教报纸，每期发行量达 5 200 份。其次是《圣教杂志》（*Revue Catholique*）和《圣体军月刊》（*Knights of the Blessed Sacrament*），两种报刊都用中文出版。

法语杂志《中国关系》（*Relations de Chine*）由上海耶稣会出版，每年出版 3 期，但是作为传教的宣传喉舌主要在法国印制和发行。

与这份法语杂志相对的美国期刊是《中国书信》(*China Letter*),主要发送给国外的资助人。该期刊为季刊,发行量为1 100份。

重要期刊还有创刊于1903年的《中华全国教务统计》(*Annuaire des Missions Catholiques de Chine*)。它提供传教士活动的总体统计数据,还补充北平遣使会会士出版的名录。还有上海徐家汇的3种学校杂志在地方上也颇具影响。

上海近郊的徐家汇修道院和佘山修道院出版9种报刊:8种法语报刊和1种英语报刊。它们主要刊登天文学、气象学和磁学方面的文章。尽管它们的发行量仅有200份到500份,却具有国际性的重要意义。“徐家汇汉学会”出版的《情报总集》(*Renseigmements*)的情况相同,它不定期地提供关于中国教育和纪实方面有价值的信息。

上海震旦大学由耶稣会管理,它出版了3种代表性半年刊,即1种大学会刊、1种医学期刊和1种中文科技杂志。其中中文科技杂志的发行量达1 500份。

耶稣会还在广东和其他地方出版几种报刊。广东韶州出现了1种葡萄牙语报刊,香港出现了1种英文报刊。1种中文报刊和1种西班牙语报刊在安徽安庆出版。在河北省,耶稣会在献县出版2种报刊,在大名出版1种中法语学校刊物。所有这些报刊都刊登宗教类文章,在天津耶稣会还与“工商学会”(Hautes Etudes)联合出版了2种中文科技杂志。

20世纪30年代美国耶稣会想在首都南京扩展业务,因为南京至今尚未出版过天主教报刊。耶稣会会士詹姆斯·F. 科尔尼(James F. Kearney)在最近发表的一篇文章中说道①:

> 一份中英观察也已提上日程……以便在国家重建的艰苦工作中,

① *China Letter*. Shanghai, December, 1935.

能够帮助中国领导人接受天主教关于现代问题的解决方案。

方济会

会员：606；教区总人口：8 330 万；教徒：344 983。

方济会在中国有 22 个传教团，是所有传教机构中的传教团数最多的一个。他们创办的报刊紧随耶稣会之后。

表 11d　方济会出版的报刊

出版周期	报刊数量和发行量
周刊	3：3 900
旬刊	1：140
双周刊	1：200
月刊	7：8 015
半月刊	1：800
年刊	1：100

在过去的 8 年中，方济会在刊物出版上相当尽力。从 1928 年到 1930 年间它已创办了 4 种报纸，1932 年到 1935 年间则创办了 8 种报纸，较早时期则只创办有 2 种报纸。这一进步在很大程度上归功于加拿大博纳旺蒂尔·玻洛坎（Bonaventure Péloquin）神父的努力，多年来他一直是天主教报刊热心的拥护者。[①] 他创办了 3 种报纸：在山东济南出版的面向神职人员的中文—拉丁文月刊《宗座宪章》（*Apostolicum*）；在济南出版的含英文增刊的中文周报《光华报》（*China Light*）；在湖北省武昌出版的同名和同规格的报纸《光华报》。

① The Rev. Péloquin Returned to His Homeland in May, 1936.

玻洛坎神父在武昌出版《光华报》的同时，也接管了武昌的另一中文报刊《真光公教月刊》（*True Light Catholic Monthly*）。所有这些报刊每期的发行量都在 1 500 份到 3 000 份之间，其他中文报纸的发行量不超过 400 份。

西班牙方济会在陕西省延安市出版月刊《国民小报》，发行量为 400 份。《国民小报》是唯一使用罗马字体的中文天主教报刊。由于陕西省共产党的活动，《国民小报》已经停刊。根据最新的报告，《国民小报》的大部分设备已经被毁坏。

在方济会出版的英语、法语、意大利语和拉丁语 6 种期刊中，月刊《中国方济会》（*The Franciscans in China*）最值得一提。它的发行量为 2 200 份，大部分发送到北美，一小部分发送到其他英语国家。和其他外语出版物一样，《中国方济会》很大程度上面向国外的读者。

巴黎外方传教会

会员：338；教区总人口：9 300 万；教徒：290 036。

巴黎外方传教会有 14 个传教团，在中国六个省份展开工作。

表 11e　巴黎外方传教会出版的报刊

发行周期	报刊数量和发行量
周刊	2∶1 800
月刊	8∶3 000
季刊	1∶300
年刊	1∶—

在巴黎外方传教会出版的 12 种报刊中，5 种用中文出版，剩下的 7 种用法文出版。除了在四川省重庆市出版的中文周刊《崇实报》

（*La Vérité*）及其法语副刊之外，其他所有的期刊主要刊登宗教内容或者传教新闻。它们的发行范围为四川、广东、贵州和广西。

《崇实报》中文周刊和法语副刊的发行量达到约 900 份，而在香港出版的法语画报月刊《巴黎外方传教会公报》（*Bulletin de la Société des Missions Etrangères de Paris*）的发行量大约为 1 800 份。除此之外，其他报纸的发行量都在 1 000 份之下。

遣使会

会员：433；教区总人口：5 650 万；教徒：639 085。

遣使会在河北、江西和浙江三个省份设立 13 个传教团。

表 11f：遣使会出版的报刊

发行周期	报刊数量和发行量
月刊	7：6 200
半月刊	1：500
季刊	1：400
年刊	1：1 000
非定期出版物	1：250

遣使会出版 11 种报刊，包括 1 种由中国遣使会出版的报刊。其中 6 种报刊在北平出版，4 种在浙江不同的办报中心出版，1 种在江西余江出版。除 5 种中文报刊和 5 种法语报刊之外，还出版 1 种共同使用拉丁文和中文的双语报纸。大多数报刊都带有宗教色彩，其中 2 种报刊也刊登关于中国文化和其他方面的信息。

在杭州出版的《我存杂志》（*The Wo-Chuan Review*）是关于宗教、文化、教育和卫生的中文月刊，发行量达到 2 000 份。《北京天主教公报》（*Le Bulletin Catholique de Pékin*）不仅报道宗教内容，提供优良的新闻服务，还讨论天主教教义的汉学问题。该法语公报在其领域成绩斐然，发行量大约900份。

遣使会还出版传教名录年刊《中国传教》(*Les Missions de Chine*)，它刊登天主教传教事务和教职人员的详细信息，极具参考价值。

在天主教创建的众多印书馆中，耶稣会在上海创办的土山湾印书馆和遣使会在北平创办的遣使会印书馆（北堂印书馆）以其印刷产品的质量和发行范围而享有盛名。北堂印书馆不仅能印刷中文，印刷所有用拉丁字母书写的语言，还能印刷希伯来文、希腊文、蒙古文以及天主教传教士亨利·拉马斯（Henri Lamasse）和欧内斯特·简诗美（Ernest Jasmin）在1931—1932年间发明的“辣体汉字”①。北堂印书馆除了为各传教机构印制书籍和报刊之外，它还为其他领域的汉学家和学者提供服务，而这些人与天主教无任何联系，但他们乐意使用天主教修会的印书馆来出版其著作。

圣言会

会员：251；教区总人口：3 020万；教徒：149 473。

圣言会向来以其出版业务而著称，近年来在出版方面也成绩显著。圣言会在中国设有7个传教团，山东兖州的保禄印书馆设备先进，业务优秀。

表11g　圣言会出版的报刊

发行周期	报刊数量和发行量
双周刊	1∶3 000
月刊	1∶2 000

① Lamasse-Ernest Jasmin. *Laromanization Interdialectique*. Peiping, 1934. —（Ed. Commissiosy Nodalis in Sinis; Series Sinologica No. 2）

（续上表）

发行周期	报刊数量和发行量
半年刊	2：1 250
年刊	1：1 000

其中1种期刊于1930年创办，2种期刊于1935年出版。圣言会共出版5种报刊。发行量为3 000份的1种中文双周刊和1种中文年鉴在山东省出版。剩下的3种报刊与北平天主教大学联合出版。其中著名的是中文文化评论期刊《辅仁学志》。《辅仁杂志》是一种关于宗教文化的英文月刊，现在主要在美国发行，旨在宣传教义。其发行量达到2 000份。

1935年末，一种关于东方学研究的多语半年刊《华裔学志》（*Monumenta Serica*）首次出版发行。它在某种程度上以现代形式恢复了《北京传教士关于中国历史、科学、艺术、风俗、习惯录》（*Mémoires Concernant l'histoire, les Sciences … des Chinois*）① 的传统。《北京传教士关于中国历史、科学、艺术、风俗、习惯录》在1776年到1814年期间由北平传教士出版。《华裔学志》由鲍润生（Francis Biallas）② 博士编辑。辅仁大学师生，天主教、非天主教的东西方学者为其撰稿，该半年刊以大型画刊形式出版。报刊的出版宗旨是“为公众提供关于中国及其邻国的民族、语言和文化的研究资料，不忽视人种学和史前史领域”。

除以上提及的报刊外，辅仁大学学生还出版了5种中文世俗杂志，其中2种现已停刊。余下1种有关文学艺术，1种有关教育和心理学，1种是广东学生创办的刊物。

---

① Cf. Samuel Couling. *The Encycoopaedia Sinica*. Shanghai, 1917, p. 24 & 259.

② 鲍润生（Francis Biallas, 1878—1936），德国来华传教士，教授。——译注

慈幼会

会员：93；教区总人口：2 200 万；教徒：4 392。

慈幼会在广东省韶州有一个传教团。它在其他传教团中也有辅助机构，分担其他传教机构的工作。

表 11h　慈幼会出版的报刊

发行周期	报刊数量和发行量
月刊	3：1 100
季刊	1：320

在澳门，慈幼会出版 3 种中文报刊。除 1 种宗教和社会经济类季刊外，他们还出版了 1 种校友杂志和 1 种宗教学校杂志。这三种报刊只具有地方意义。广东传教团在韶州出版意大利语宗教月刊，其中大部分都免费送到国外捐助人的手中，其发行量为 500 份。

修会圣职人员

会员：1 510；教区总人口：5 130 万；天主教：470 319。

修会圣职人员在中国 10 个省设立了 20 个传教团。

表 11i　外国修会圣职人员出版的报刊

发行周期	报刊数量和发行量
双周刊	1：1 320
月刊	4：1 850
半年刊	1：1 400
年刊	1：400

在外国修会圣职人员出版的 6 种杂志中，有 3 种在澳门出版：1

种中文半年刊，为公告内容；2 种葡萄牙语宗教期刊。其他 3 种报刊由中国修会圣职人员出版。

察哈尔绥化出版的《小军人月刊》全部刊登宗教话题，其影响力超越其他报刊。2 种在河北魏县和山西洪洞县出版的学校报纸和校友报纸只是地方性报刊。

西班牙圣芳济各嘉布会

会员：53；教区总人口：590 万；天主教：10 778。

西班牙圣芳济各嘉布会负责 3 个传教团，但只在甘肃秦州出版 2 种地方性报刊。1 种中文双周刊《明星通讯》（*Bright Star News*）免费在天主教社区成员中派送，而唯一的德文季刊主要发往国外。两种报刊的发行量都相对较少。

多敏我会

传教会职员：158；教区总人口：1 370 万；天主教：86 504。

多敏我会活跃在福建省，下辖 5 个传教团。多敏我会出版 2 种进步的中文宗教报刊：在厦门创办的《公教周刊》（*Catholic Weekly of Fukien*）的发行量为 800 份，在福州创办的一份双周刊的发行量为 500 份。

米兰外方传教会

会员：137；教区总人口：1 910 万；教徒：123 752。

米兰外方传教会管辖广东省、湖南省和陕西省的 5 个教区。米兰外方传教会在香港出版 2 种宗教月刊。《公教报》（*The Catholic News*）为中文报刊，发行量为 5 000 份。英语刊物《香港联合报页》（*League Leaflet of Hongkong*）作为教会内部的印刷资料，其发行量达到 500 份。

特拉普教派

会员：118。

特拉普教派在河北省有2座修道院。在绥化，特拉普教派出版2种杂志，由北平的遣使会印刷厂印刷，法语半月刊《新闻简报》（*Bulletin du Pium Opus*）的发行量为1 700份，这份宗教杂志的中文—拉丁文增刊《新闻简报》（*Bulletin de l'Oeuvre de Messes et de la Croisade de Prières*）的发行量为900份。

奥斯定会

会员：36；教区总人口：700万；教徒：19 644。

西班牙奥斯定会在湖南省管辖3个教区，在常德出版《福音》（*Ecos del Apostolado*）。这种西班牙月刊的发行量达到近1 000份，报刊内容定位于宗教和传教新闻。

重整思定会

会员：19；教区总人口：250万；教徒：4 857。

重整思定会成员同样是西班牙人。他们负责湖南省归德的1个教区。在归德，他们出版西班牙语宗教月刊《传教士》（*Todos Misioneros*），发行量为200份，主要目的是刺激国外的传教兴趣。

玛利诺外方传教会

会员：100；教区总人口：1 970万；教徒：29 247。

玛利诺外方传教会在广东、广西和满洲拥有4个教区。玛利诺外方传教会于1935年在广东省嘉应（今梅州）创办宗教月刊《我们的教区》（*Our Vicariate*），发行量已达3 500份。

美国旧金山华人教区

旧金山华人教区出版2种小型中英文期刊：《曙光》（*The Aurora*）的发行量为100份，《圣光》（*The Light*）的发行量为200份，后者在地方免费发行。2种期刊都刊登宗教和教育话题，定位于华人天主教徒并由华人教徒撰稿。

这次调查尚未包括海外的其他报刊，因为它们并非全部刊登有关中国的报道。

世俗报刊

代表性的5种世俗化出版物是由北平辅仁大学学生用中文出版的，现已停刊。此外，在北平和天津还出版了两种同名中文日报：《益世报》（*Social Welfare*），在天主教总部的支持下创刊于1915年。两家报刊一直合并管理到1934年中期，此后两家报纸各自独立发展。天津《益世报》经营得十分成功，每期发行量增加到30 000份。《益世报》与天津的另外一份非天主教日报《大公报》领导华北报业的潮头。北平《益世报》的发行量为1 500份。两家同名报纸都属于纯粹的信息传递性质的报纸，偶尔才刊登关于宗教话题的文章以馈读者。天津《益世报》还出版1种宗教文化性的周刊，其发行量达3 000份。

还有些世俗化报刊不得不提。最近在上海创刊的英语周刊《天主教报》（*Catholic Review*）的发行量达500份，香港《中国天主教青年协会》（*Chinese Catholic Young Men's Society*）是一份一直用中英文发行的年度报告。

六、新闻审查

在上海举行公进会全国大会之前，博纳旺蒂尔·玻洛坎神父在1935年9月作出的在华天主教报刊的报告中，论述了新闻审查的话题。[①] 他提到世俗事务处理中中国政府当局至高无上的权威，这意味着除外国司法管辖的区域外，在华天主教报刊应接受于中国新闻法的约束。

通常天主教报刊与中国当局政府之间不会产生摩擦，因为宗教报刊与科学和文化期刊都自觉远离政治。天主教报刊与当局政府之间仅发生过一次摩擦，当时天津《益世报》和军事当局由于政治原因发生了冲突。时任行政院北平政务整理委员会委员长黄郛（1880—1936）于1934年8月16日吊销了天津《益世报》的邮递权，时间长达两个月。此后，问题得以解决，报纸也采取了防范措施，避免同类事件再次发生。

除了中国政府的新闻审查之外，创办天主教报刊还须通过教会领袖的检查。大主教任命的宗座代表同样也是审查员，所有的文字都必须通过这位代表的审阅才能出版。大主教会禁止他认为有危险的所有事情。博纳旺蒂尔·玻洛坎神父引用1907年庇护十世发布《牧放主羊》通谕（*Pascendi Dominici Gregis*），强调这种教会审查的重要性。引文如下：

天主教编辑的报刊应尽可能接受审查。新闻审查员的职责是阅读每期报刊，然后才使报刊付印，假如付印前有任何危险的报道，

① Rev. Bonaventure Péloquin. *La Presse Catholique en Chine*. （*Le Bulletin Catholique de Pékin*. Peiping，22.266，1935，pp. 520 – 541.）英语印刷文本只供私人使用。

他须尽快命令纠正报道。即使审查员自己没有发现文稿中的危险报道，大主教将实行最后的审查权。(T. Ⅲ, p. 170)

审查员实施禁令的对象限制在[①]：

(1) 与教义相悖；

(2) 与道德相悖；

(3) 不合时宜地容忍对教会的恶劣影响，因为它可能引发统治者或者人民对于教会的抵触。

七、结　语

伯纳德·阿伦斯（S. J. Arens）神父在关于天主教报刊的调查中说道[②]：

至少在中国，天主教传教首要象征着劝人皈依，而新教传教则象征着文化活动。[③]

尽管天主教在文化、教育、科技等领域传教的成功经验日益增多，但这句话仍然适用至今。

现在的天主教报刊从日报到年度报告，从纯粹的宗教杂志到科学期刊应有尽有。目前在华天主教人口占中国总人口约 0.6%，115

---

① Rev. Bonaventure Péloquin. *La Presse Catholique en Chine.* —（*Le Bulletin Catholique de Pékin*. Peiping，22. 266. October，1935，pp. 520 – 541.）英语印刷文本只供私人使用。

② B. Arens. *Das Katholische Zeitungswesen.* op. cit.，p. 24.

③ 英文解释："If anywhere，then certainly in China it is true that catholic missions signify first and foremost the work of conversion and protestant missions signify cultural activity."

种杂志约占2 500种中文报刊的4.6%，即使只计算用中文出版的55种天主教报刊，其比例也为2.2%。

要充分发挥天主教报刊的优势，需要更密切的合作以提高效率。在许多例子中，个体努力的结果虽然值得赞扬，但总是局限于地方。从另一个方面来看，通过合作，在不增加开支的条件下可以多办报，可以使报纸获得更大的发行量，还可以提高报纸内容水平，这样便能将报纸推向城市和农村的主要阶层。这不但适用于宗教出版物，还适用于文化和科学期刊。

为了方便当地尚未出版宗教月刊的教区出版月刊，博纳旺蒂尔·玻洛坎神父建议采取在许多国家通用的措施：各个教区只需在一份主要内容相同的报纸上增加几页地方新闻和公告，这样便构成了当地宗教报刊。这样的流程经济省力，还能提高整体质量。这种做法有希望在未来得以实现。天主教报刊周日活动的定期进行可能有利于这项工作的展开。

对于传教新闻而言，宠光通讯社采集和传播流入国内及流向国外的天主教新闻，报刊服务的建立早已实现了类似的简单化。

第二部分　满洲天主教报刊

一、引　言

关于满洲天主教传教组织的一般信息基于下面提到的1937年《满洲教务统计》。就已经使用的早期期刊而言，它们被特地引用。

《满洲教务统计》(*Annuaire des Missions Catholiques du Manchoukuo*)

Quatrième Année 1938，谋克敦（今沈阳），1938

由图宁（M. S. Tunin）先生，Михаия Семенович Тюцин出版的以下出版物已经参阅了有关的俄语和波兰语期刊：

（1）《哈尔滨出版的俄语和欧洲其他语种期刊指南（1927年1月1日）》(*A Guide to Periodical Publications Published in Russian and in Other European Languages at Harbin, As per 1 January 1927*)——哈尔滨，1927年（满洲研究协会年鉴，第一卷）。

（2）《哈尔滨出版的俄语和欧洲其他语种期刊指南（1936年12月31日）》(*A Guide to Periodical Publications Published in Russian and in Other European Languages at Harbin, As per December 31, 1936*)——哈尔滨，1936年（哈尔滨国家铁路管理经济局）。

（3）《哈尔滨宗教杂志：文献论文》(*Religious Magazines of Harbin: A Bibliographical Essay*)（圣弗拉迪米尔神学院教师的Theological Faculty of the Institute of St. Vladimir Orthodox Good Tidings, Special Issue by the Theological Faculty of the Institute of St. Vladimir. Harbin, Dec., 1936, pp. 3-4）

图宁先生通过繁杂的通信联系增补了其中提到的某些事实。这些材料尤其难以获得，因为有些期刊要追溯到15年前，而且现在已无法获得复印本。

最后，我们感谢回应访问的所有传教士。若没有他们的慷慨合作与所做的工作，这份调查就难以完成，本调查详尽地记录了满洲天主教报刊的活动。

二、历史回顾

在 1838 年 8 月 14 日，法王格雷个瑞十六世教皇通过《自动诏书》（*Motu Proprio*）把辽东、满洲和蒙古教区从北平主管教区分割出来。一个特殊的教区牧师管辖的教区建立起来，它归属于巴黎外方传教会。满洲教区从此由盛京、吉林和齐齐哈尔的三个最东省份构成。

在 1841 年，第一位（在传教地区代表教皇的）名誉主教方若望（Emmanuel Verrolles）① 在其教区内注册了共 2 319 位天主教徒。在 1879 年主教去世的时候，总数增加到 9 792。现在，根据 1937 年出版的最新统计数据，天主教徒的数量已经增加到约 220 000，包括 40 000 位新信徒。

自 1934 年以来，包括满洲在内的满洲国传教活动的管理已经由各教区主教不定期举行的地区会议而产生的机构来管理，高德惠（Auguston Ernest Pierre Gaspais）担任机构发言人。②

“从最近几年所发生的政治事件开始，满洲国的天主教传教事业就出现了新形势。这种新情况不允许他们在中国这个基督教会的教

---

① 方若望（Emmanuel Jean Francois Verrolles，1805—1878），法籍天主教主教，巴黎外方传教会会士。1838 年 12 月 11 日被任命为满蒙独立教区主教，1840 年 8 月 28 日满蒙教区分离，1840 年到满洲教区工作。方若望主教在职期间修建的教堂有沈阳南关教堂、庄河岔沟教堂、盖县阳关教堂、盖县教堂、海域县牛庄教堂、辽阳沙岭教堂、辽阳市教堂等。于 1878 年 4 月 29 日死于营口。

② *Annuaire des Missions Catholiques du Manchoukuo.* —Première Annèe 1935. Mukden 1935，Prèface，p. Ⅰ - Ⅱ.

区内推进传教事业……”

“始于1931年9月18日，止于1933年秋天的艰难过程中，满洲传教士度过了一段艰辛的时光……”

“只有在我们的传教活动处于极端苦难而且与北京罗马教皇传教团关系难以维系的情况下，罗马教廷才介入，以便解决问题。因此，罗马教廷决定于1934年3月20日发函，授权吉林省名誉主教高德惠执行与新京政府商谈关于满洲所有传教事务的任务……”

满洲总面积超过130万平方公里，超过中国19个省份版图的四分之一，几乎与法国、德国和包括爱尔兰在内的大英帝国的总面积相当。

满洲居民人口达到大约3 290万，其中216 000为天主教徒，包括31 000名新教徒，占总人口的0.66%。828名专职教士为这些居民提供精神上的服务，几乎三分之一的人是中国人。

三、满洲天主教报刊统计

满洲第一种天主教报刊创刊于1922年。此后，共有14种报刊创办，其中6种已经停刊。在8种现存的杂志中，2种分别在沈阳和哈尔滨出版发行，抚顺、松树嘴子、延吉和齐齐哈尔分别出版1种。

表1　天主教报刊出版年份和地理分布

地点／年份	沈阳	抚顺	哈尔滨	松树嘴子	延吉	齐齐哈尔	总计	综计
1922			1				1	1
1923			(2)				(2)	2
1925			(1)				(1)	1
1927		1					1	1

（续上表）

地点 年份	沈阳	抚顺	哈尔滨	松树嘴子	延吉	齐齐哈尔	总计	综计
1931			1				1	1
1933						（1）	（1）	1
1934				1		（2）	1（2）	3
1935	2				1		3	3
1936						1	1	1
总计	2	1	2（3）	1	1	1（3）	8（6）	14
综计	2	1	5	1	1	4	14	

*每栏左侧的数据表示现存刊物的数量，而右侧括号内的数据代表已停刊杂志。

现存的报纸中，3种为中文报纸，用英文、法中双语、朝鲜语、波兰语和俄语出版的报纸各1种，而3种中文和3种波兰杂志已经停刊。

表2　根据语言统计的天主教报刊

语言	出版的报纸	停刊的杂志	总计
中文	3	3	6
英文	1		1
法中双语	1		1
朝鲜语	1		1
波兰语	1	3	4
俄语	1		1
总计	8	6	14

现存中文报纸中发行量最高的是月刊，达到每期1 700份。接下来是半月刊，现存半月刊每期的发行量是1 000份，季刊为260份。法中双语年鉴最后一期的发行量达到755份。英文半月刊报告的发

行量为5 000份，其几乎全部在美国发行。朝鲜语半月刊的发行量好像也达到了5 000份。这份报刊也送往朝鲜和日本。波兰语周刊和俄语月刊的发行量分别为1 300份和500份，其中大量报刊发送到在华波兰人和俄国人国内。

表3　现存天主教报刊发行量

语言 / 周期	周刊	半月刊	月刊	半月刊	季刊	年刊
中文		1∶1 000	1∶1 700		1∶260	
英文				1∶5 000		
中法双语						1∶755
朝鲜语			1∶500			
波兰语	1∶1 300					
俄语			1∶500			
总计	1∶1 300	1∶1 000	3∶2 700	1∶5 000	1∶260	1∶755

谋克敦（沈阳）

在1838年，辽东、满洲和蒙古从北京教区分割出去。这些地区是巴黎外方传教会教区的管辖范围。60年以后，满洲教区分为南北满洲教区，南满洲教区包括谋克敦（沈阳）省。自然，在1924年该教区更名为谋克敦（沈阳）教区。阿尔及尔亚拉姆塞（Lambèse）主教卫忠藩（Jean-Marie Michel Blois）于1921年被任命为该地区的主教。

谋克敦教区面积为61 456平方公里，有22个专区。它的居民人口达到885万，其中超过31 000人为天主教教徒。仅在谋克敦市，就居住有大约70万人，包括大约3 000名天主教教徒。

1934年，谋克敦巴黎外方传教会各主教举行的地区会议决定创办《满洲帝国天主公教教务年鉴》（*Annuaire des Missions Catholiques du Manchoukuo*）。第一期于第二年出版，其内容以类似于遣使会在北平出版的传教记录《中华教务》（*Les Missions de Chine*）的编排方式来编辑。出于政治原因，这本教务年鉴独立出版，尽管其中包含的总结性数据继续在上文提到的中国目录中出现，也同时出现在上海遣使会出版的《中华全国教务统计》（*Annuaire des Missions Catholiques de Chine*）的抽象统计中。

满洲教务记录提供了可供参考的详尽的内容，其中收录了关于天主教传教活动的详细信息。该刊物为法语和中文双语，包括大量的插图。统计总汇与地方和个人的索引，极大地增添了出版物的实用性。最后版本的刊物发行量达到了755份。

自1935年开始，巴黎外方传教会也出版了《满洲公教月刊》（*Manchurian Catholic Monthly*）。这家中文报刊致力于刊登宗教和教务新闻，在整个满洲地区发行1 700份；它是满洲地区发行量最大的中文天主教出版物，而且插图最为丰富。为了使出版物尽可能接近更多的读者，刊物使用了廉价纸张，但印刷质量是良好的，图片的制作也算清晰。

抚顺

抚顺专区于1932年2月从谋克敦教区分离出来，而且划归玛利诺外方传教会（美国纽约）管辖，它的第一位传教士早已于1926年到达那里。雷蒙德·A. 雷恩（Raymond A. Lane）主教于1932年被任命为该教区的监牧，并于同年就职。该专区扩展面积约81 000平方公里，居民超过550万，其中大约8 000人为天主教徒。

《奉天抚顺天主教堂》（*The Manchu-Knoller*）是一家英文报纸，它自1927年由第一批玛利诺外方传教会传教士抵达以后不久在抚顺创刊。雷恩本人负责这个半月刊，而这份报告式的刊物使其与众多朋友和职员的家人保持着联系。实际上，整个发行量大约5 000份的刊物都被送达了国外。这份喉舌刊物证明了它保证教务活动资金的价值性。每期包括4个印刷清晰且精美的版面，其中一半版面的报道都是关于地方事务的生动画面。

齐齐哈尔

齐齐哈尔专区于1928年从吉林教区中分割出去。它隶属瑞士伯利恒外方传教会的管辖。齐齐哈尔约490 000平方公里的面积上生活着超过230万人口，其中19 000多人为天主教徒，大约6 000人为新皈依的天主教徒。在1931年，该教区位列各专区之首。

齐齐哈尔第一位监牧英贺福（欧日诺）（Eugène Imhof）[①] 于1933年7月创办了《龙沙公教月刊》（*Lungsha Catholic Monthly*）。该期刊为读者提供教务新闻并从宗教的视角向他们解释有关生活的事情。Imhof于1934年1月17日在一次火车事故中遇难后，教会及其期刊蒙受了很大损失。这份月刊继续出版到1935年6月，最终停刊。

一年后，在1936年7月，《龙沙公教月刊》以《钟声》（*The Ringing Bell*）的名字复刊，以半月刊形式继续出版。现任监牧胡干普（保禄）（Paul Hugentobler）[②] 积极推动半月刊的出版，并亲自编辑该期刊，直到1938年他病倒为止。该期刊曾经短期中断，等待当局政府的允许后才继续出版。

根据现任主编利昂·赫尔曼（Leo Herrmann）牧师的建议，《钟声》读者群定位于基督徒和异教徒、专区的成人和孩子，而且致力

---

① 英贺福（欧日诺）（Eugène－Jean Imhof），1929年4月28日任天主教齐齐哈尔监牧，1934年1月17日在火车上被土匪杀害。——译注

② 胡干普（保禄）（Fr. Paul Hugentobler），1934年11月9日任天主教齐齐哈尔监牧，1947年被捕，后被驱逐，1976年去世。——译注

于天主教教育及传经布道。期刊的版式已经改版了两次，现在非常容易操作。刊物大约 30 个页码，内含一些精心修饰的图画。而 1 000 份的年发行量和 60 美分的年订阅费不足以使刊物在财务上做到自给自足。

从 1934 年 3 月到 1936 年 6 月，圣迈克尔教堂（The Cathedral of Saint Michael）赫尔曼牧师发行《龙江天主教总堂小报》（*Lungchiang Catholic Cathedral Fortnightly*），旨在使其布道更易被理解，并传送给那些不定期出席聆听其布道的人。这共 4 个版的活页印刷物在齐齐哈尔整个城市发行 500 份，以满足基督教徒获取信息的诉求。

另外一种刊物《小朋友》（*The Little Friend*）的创办要归功于热情的赫尔曼牧师，这份半月刊从 1934 年 6 月创办到 1936 年 4 月停刊。该刊读者群主要为教区的两所中、小学学生，它旨在借助丰富多彩而令人印象深刻的图表来影响青年人宗教价值观。其发行量达到每期 1 200 份。

延吉

延吉教区创建于 1928 年。通过 1937 年 4 月颁布的法令，在 1935 年，一种朝鲜语月刊《加特立少年》（*Catholic Youth*）创刊。该刊 80% 的版面都刊登着丰富多彩的图表。封面和版面设计特别生动，而且刊物不仅满足于满洲的青年，还满足于中国内地、朝鲜和日本的青年人。

松树嘴子

热河教区创办于 1924 年。该教区包括热河省和锦州地区。教区整个面积大概有 67 000 平方公里，大约 200 万居民，其中天主教徒 36 800 人，包括 8 000 多名新教徒。124 名专职牧师掌管天主教人口。

在朝阳附近的松树嘴子（大屯），圣母圣心会从1934年开始出版中文刊物《公教进行会月刊》（*Catholic Action Monthly*）。在1938年初，该刊更名为《公教进行会季刊》（*Catholic Action Quarterly*）。这份季刊为油印版，大约10个页码，旨在提升社区的天主教活动。该刊发行量每期不超过260份。大多数天主教徒是文盲，这是刊物改为季刊的原因。刊物试图通过刊登包括取材于地方景观的宗教主题图画来吸引读者。

哈尔滨的波兰天主教徒

哈尔滨的波兰天主教徒数量达2 900人，最初主要依赖于莫希列夫教区大主教。在1923年，他们被吸纳到海参崴主教管区，后来又被吸收进北京罗马教皇使团。从1934年开始，他们处于吉林教区的直接管辖下。①

波兰人是在满洲创办刊物的第一批天主教师团，他们于1922年4月开始创办《波兰天主教星期日报》（*Tygodnik Polski*）。这份期刊及其后来的出版物被定为自己社区的刊物，因此，它们都是用波兰语出版的。

《波兰天主教星期日报》或者《波兰周刊》（*Polish Weekly*）是由哈尔滨圣斯坦尼斯教区教堂（The Parish Church of St. Stanislas）创办的周刊，也是唯一持续创办至今的刊物。这家周刊为社区提供宗教新闻，并满足社区成员对感兴趣事情的信息知晓权。这份周刊包括4个版的单张报纸，发行量达到1 300份。其中810份报纸被送往满洲之外的地区。

在1923年至1930年期间，《波兰天主教星期日报》以《哈尔滨

---

① Annuaire op. cit. Première Année 1935, p. 49; Deuxième Année 1936, p. 84; Troisième Année 1937, pp. 93－94; Quatri éme Année 1938, pp. 141－142.

历书》[*Kalendarz*（*i Pamietnik*）*Harbinski/Calendar*（*and Almanac*）*for Harbin*]的题名出版了4种历书。

在1925年到1926年期间不定期出版的《波兰天主教星期日报》的另外一种附张是《远东》（*Daleki Wschód/The Far East*）。这份报纸主要刊登贸易、科学和文化方面的内容，第四期以后就没有继续出版了。《天主教社会运动》（*Ruch Chrzescijiansko-Spoleczny/The Christian Social Movement*）显然是独立出版的，但是该月刊后来由牧师Wladyslaw Ostrowski编辑，他于1923年7月到1924年1月期间也负责《波兰天主教星期日报》的编辑工作。在这份月刊创办的主要阶段，它的发行量达到1 000份，专门报道社区生活的宗教和社会层面的内容。在第7期以后，该刊就停止了出版。

俄罗斯天主教徒

在宗教报刊中，我们也能够发现俄罗斯Byzantine－Slav Rite天主教创办的喉舌报刊。通过1928年5月20日颁布的法令，罗马教皇委员会建立了居住在中国的俄罗斯人的大主教区，以便建立俄罗斯东正教与罗马天主教之间的和睦关系。同年5月31日，俄罗斯东亚教大司祭庞德怀（Fabien Abrantovich）在哈尔滨自己所居住的地区建立起大主教区。该教区由200名天主教徒组成。①

庞德怀主教在工作中得到了自己的宗教团体圣母无原罪玛丽职员会（Marian Clerks Regular of the Immaculate Conception）的帮助。除此之外，下面两个社区乌尔苏拉修女会（Ursuline Nuns）和方济各玛利亚传教修女会（Franciscan Missionaries of Mary）也属于他的管辖范围。由于日本人占领了满洲，所以他的实际管辖权只限于该地区俄罗斯天主教的范围。

---

① Annuaire op. cit.，Deuxième Année，1936，p. 151；Troisième Année，1937，p. 197.

早在1925年，俄罗斯天主教机构就试图在俄罗斯创办天主教报刊，而在东天主教堂（Catholic Church of the Eastern Rite of Prince St. Vladimir/КаθолИческая Церьковь ВостчН аго Обряла Св. Кн. ВлаяиMipa）的资助下，《联盟》（*Unity/Единсmmво*）杂志于1925年5月10日创刊。一旦足够的资料得以积累，这种刊物就可能持续办下去。然而，意义永远不会超越这一期。

双周刊《天主教教务公报》（*The "Bulletin Catholique" de lÉparchie Russe du Rite Byzantinslave en Manchurie/K*）于1931年创刊。现在，它已经改为月刊，尽管刊物经常以两倍于半月刊大约超越50个页码的形式出版和发行。刊物大都刊登与远东和俄罗斯及其与罗马天主教堂相关的神学问题，其中也有5个页码的版面刊登地方教堂活动。

在每期500份的总发行量中，180份由地方读者阅读，195份送往欧洲，100份送往上海，20份送往美国，5份送往日本。

四、结　论

与整个中国版图相比，满洲地区的天主教报刊比例相对很小。这主要是两方面的因素造成的：首先，人口分布在广袤而人口稀少的地区；其次，大多数教徒是文盲。

英语半月刊几乎全是美国读者，而两种波兰语和俄语报刊基本是居住在满洲的本国人阅读，某些期刊发送国外。以法文和中文出版的双语年鉴，为天主教神职人员和其他对天主教感兴趣的人提供宗教信息。现在依然存在两种中文月刊，一种在谋克敦出版，定位于整个满洲地区，发行量达1 700份；另一种定位于齐齐哈尔教区，发行量大约为1 000份。除了这两种报刊之外，一种小型油印版季刊在松树嘴子出版，定位于满洲22万天主教徒。截至目前，整个满洲每期发行量最大的刊物是朝鲜语杂志，在延吉出版并在远东所有地区的朝鲜人中发行和传播。

尽管满洲的天主教报刊的发行量不大，但它曾经克服技术困难、文盲读者引发的障碍和这些地区缺乏传播途径等方面的问题并发挥了积极的社会作用。

KEY

Symbols ←Meaning

● = existing periodical

○ = defunct periodical

满洲天主教报刊分布图

索引：外国人名、教会在华机构及出版物中外文对照表

（按汉语拼音字母排列）

A

爱德华·伯德费尔德 Edward Bödefeld

奥多·米特勒 Theodor Mittler

B

鲍润生 Francis Biallas

伯纳德·阿伦斯 Bernard Arens

博纳旺蒂尔·玻洛坎 Bonaventure Péloquin

巴黎外方传教会 Paris Foreign Mission Society

《巴黎外方传教会公报》*Bulletin de la Société des Missions Etrangères de Paris*

《北京天主教公报》*Le Bulletin Catholique de Pékin*

《北京传教士关于中国历史、科学、艺术、风俗、习惯录》*Mémoires Concernant l'histoire, les Sciences…des Chinois*

C

慈幼会 The Salesians

重整思定会 Augustinian Recollects

宠光通讯社 Lumen News Service（Agentia Lumen）

《传教士》*Todos Misioneros*

D

迪茨 Frederick C. Dietz

戴乐仁 J. B. Tayler

多敏我会 The Dominicans

F

方若望 Emmanuel Verrolles

方济会 The Franciscans

《福音》*Ecos del Apostolado*

G

刚恒毅 Celso Costantini

高德惠 Auguston Ernest Pierre Gaspais

公教进行会 National Headquarters of Catholic Action

工商学会 Hautes Etudes

H

亨利・拉马斯 Henri Lamasse

胡干普（保禄）Paul Hugentobler

K

《宽容赦令》*The Edict of Toleration*

L

雷蒙迪 Raimondi

利昂・赫尔曼 Leo Herrmann

刘乐意 George R. Loehr

M

玛利奥・蔡宁 Mario Zanin

玛利诺外方传教会 Marykoll Foreign Mission Society

米兰外方传教会 Milan Foreign Mission Society

《牧放主羊》通谕 *Pascendi Dominici Gregis*

O

欧内斯特·简诗美 Ernest Jasmin

奥斯定会 The Augustinians

P

《磐石杂志》*The Rock Review*

庞德怀 Fabien Abrantovich

Q

遣使会 The Lazarists

《气象公告》*Bulletin des observations météorologiques*

《情报总集》*Renseigmements*

S

圣言会 Divine Word Society

T

特拉普教派 The Trappists

《天主教报》*Catholic Review*

图宁 M. S. Tunin

W

卫忠藩 Jean – Marie Michel Blois

X

西班牙圣芳济各嘉布会 The Capuchins

修会圣职人员 Secular Clergy

《香港天主教记录报》*The Hongkong Catholic Register*

《香港联合报页》*League Leaflet of Hongkong*

《新闻简报》*Bulletin du Pium Opus*

《新闻简报》*Bulletin de l'Oeuvre de Messes et de la Croisade de Prières*

Y

耶稣会 The Jesuits

英贺福（欧日诺）Eugène－Jean Imhof
于斌 John A. Niu
Z
詹姆斯·F. 科尔尼 James F. Kearney
中华公教教育联合会 The Synodal Commission
《中国传教》*Les missions de Chine*
《中华公教教育联合会丛刊》*Collectanea Commissionis Synodalis*
《中国关系》*Relations de Chine*
《中国书信》*China Letter*
《中国方济会》*The Franciscans in China*
《宗座宪章》*Apostolicum*
《中国天主教青年协会》*Chinese Catholic Young Men's Society*

附录一：中国天主教大事录①

25—220 年	西利亚教士二人来华。
303—305 年	阿诺比五氏宣称福音已传到中国。
411 年	祝圣天主教阿该乌斯，他也许是中国主教区的创建人。
635 年	阿罗本和其他景教（聂斯多略派的天主教）的教士们，从大秦国到陕西西安。
638 年	陕西西安建立第一座景教寺院。
635—638 年	第一部天主教书籍《移鼠迷诗诃经》译成华文。
642 年	关于景教的论文，一神论问世。
699 年	佛教徒初次与景教教士们为难。
700 年	四川成都建立景教寺院。
713 年	佛教徒第二次和景教教士们为难。
745 年	上论此后景教寺院概称大秦寺。
780 年	大秦僧景净等着手翻译景教经典。
781 年 2 月 4 日	西安立景教碑。
794 年	弥施诃名称见于释教经典。

① 摘自德礼贤：《中国天主教传教史》，商务印书馆 1933 年版，第 136～157 页。

824 年	近湖北兴国一带有景教教徒遗迹。
845 年 9 月 30 日	唐武宗颁布毁灭宗教的诏谕。
852—858 年	古籍中述及是时中国有主教区设立。
878 年	回教、犹太教、景教和袄教僧徒十二万人在广府被屠杀。
980 年	据报称中国的景教已归消减。
1000—1200 年	景教传布于亚洲的中部和东部非中国民族中。
1225 年	扫马诞生于刚巴里克或上都（今北平）。
1245 年	玛尔谷诞生于绥远东胜。
1246 年 7 月 22 日	乔伐尼、比亚诺、买比内到蒙古的都城喀拉古伦。
1246 年	买比内回到法国。
1249 年 1 月 27 日	安德肋、龙汝模自西泼鲁斯起程到东方。
1251 年	龙汝模回到巴来斯定。
1253 年 4 月 16 日	奇耀谋、鲁勃路克奉使东行。
1255 年	鲁勃路克回到西泼鲁斯。
1262 年	有关景教的记述，始见于中国正式文书中。
1265 年	尼各老（Nicolò）和马弗奥孛罗（Maffeo Polo）到刚巴里克或上都。
1275 年	马可波罗到刚巴里克。
1279—1281 年	镇江府路副达鲁花赤马薛里吉思在镇江附近兴建也里可温寺七所，在杭州有一所。
1280 年	扫马任总巡阅，玛尔谷担任中国宗主教。
1281 年 11 月 2 日	玛尔谷任聂派西方宗主教，改称耶哈巴拉三世。

1288 年	扫马归顺罗马。
1289 年 3 月 6 日	元政府设崇福司。
1292 年	马可波罗离华。
1294 年	乔伐尼、蒙高味诺到刚巴里克。7 月（?）扫马逝世。
1298 年	马可波罗的《世界游记》刊行问世。第一座正宗天主教教堂在刚巴里克落成。
1304 年 5 月 18 日	耶哈巴拉三世归顺罗马。
1307 年 7 月 23 日	刚巴里克设总主教署，蒙高味诺任刚巴里克总主教。六位方济各会主教离欧来华。
1313 年	刚巴里克总主教蒙高味诺祝圣礼成。（?）福建泉州主教区成立。
1317 年 11 月 13 日	耶哈巴拉三世逝世。
1322 年	真福和德理到泉州。
1325 年	和德理到刚巴里克。（?）
1328 年	和德理离华。蒙高味诺逝世。
1329 年	和德理回到意大利。
1331 年 1 月 14 日	和德理逝世。
1342 年	若望、马里诺利来华。
1345 年	马里诺利离华回欧。
1368 年	元代灭亡。方济各会传教事业结束。
1552 年 10 月 6 日	利玛窦诞生于意国马知拉打。圣方济各沙勿略图入中国未果。12 月 3 日，圣沙勿略逝世。
1555 年 7 月	耶稣会士梅吉欧农乃时巴来笃到上川岛。是年 8 月至 11 月间巴氏会曾两次到广州。

1556 年	巴来笃于 4 月间第三次到广州。多敏我会会士茄斯巴克罗自留广州一月。
1557 年	澳门成了葡萄牙人的居留地。
1562 年	耶稣会在澳门立住院。
1568 年 7 月	澳门第一任主教贾南罗氏（Mel. Corneiro S. J.）氏到澳门。
1576 年 1 月 23 日	澳门主教区成立。
1578 年	耶稣会会士范礼安到澳门，任印度及远东各属耶稣会会长。
1579 年 7 月	罗明坚奉范礼安命到澳门。
1583 年 5 月至 6 月	中国人始创“天主”名称。9 月 10 日利玛窦和罗明坚在广东肇庆创立第一个传教住院，行第一次非正式洗礼。
1584 年	天主经、圣母经、信经和天主十诫被译成华文。利玛窦制坤舆万国全图。是年 11 月 21 初次正式洗礼，付洗二人。是月 29 日罗明坚所著《天主实录》出版。
1585 年 10 月 20 日	罗明坚《天主实录》印发一千册。11 月 20 日罗明坚和麦安东（I'AI - meida）离肇庆往浙江绍兴。
1586 年 1 月 20 日	罗明坚和麦安东到浙江绍兴。4 月 6 日，罗氏在绍兴付洗一人。
1588 年	华修士钟鸣仁、黄明沙求入耶稣会。是年 11 月 20 日罗明坚回罗马，拟请教宗与中国皇帝商派专使。
1589 年 8 月 15 日	利玛窦由肇庆往韶州。8 月 25 日广东韶州第二传教住院成立。

1591 年 1—2 月间	钟黄两修士入耶稣会，中国人入修会的，此为最先。
1592 年 3—4 月	广东南雄开教付洗。
1594 年 7 月 7 日	耶稣会会士郭居静到韶州。
1595 年 4 月 18 日	利玛窦由韶州到南京。是年 5 月 31 日，利玛窦到南京，但不能留居。利玛窦弃僧服改儒服称儒士。6 月 28 日，利玛窦到江西南昌，建立第三传教住院。11 月至 12 月间，利玛窦作第一篇华文论文《交友论》。
1596 年 6 月 28 日	南昌购置教士住院。
1597 年	中国耶稣会成独立省区，利玛窦任第一任会长。是年 12 月 28 日龙华民到韶州。
1598 年 6 月 25 日	利玛窦偕郭居静、钟鸣仁和游文辉离南昌晋京，9 月 7 日到北京。11 月 5 日利玛窦等以不准居京而南返。
1599 年 2 月 6 日	利玛窦驻南京。5 月 24 日在南京购置教士住宅。
1600 年	天主教信友达四百人。徐光启和利玛窦在南京相见。5 月 18 日利玛窦偕庞迪我、钟仁鸣、罗文辉由南京北上。7 月 23 日利玛窦等在天津被马堂留难。
1601 年 1 月 8 日	万历帝令利玛窦等来京。24 日利玛窦到北京入觐。5 月 28 日利玛窦在京赁屋居住。
1603 年	徐光启在南京领洗入教。(二月?)
1604 年 12 月 18 日	南昌近支宗室领洗入教。利玛窦在京著《天主实义》出版。

1605 年 1 月 6 日	南昌皇族三人领洗入教。是年 3 月 25 日瞿太素在南京受洗，洗名依纳爵。7 月 25 至 31 日间犹太人艾姓到北京为利玛窦述及河南开封挑筋教情形。8 月 27 日购置顺天门内教士住宅。
1606 年 1 月 6 日	耶稣会会长范礼安在澳门逝世。3 月 31 日第一华籍耶稣会会士黄明沙逝世。
1607 年 4 月 10 日—11 日	耶稣会修士鄂本笃卒于甘肃肃州。
1608 年 9 月	郭居静在上海开教。
1609 年 9 月 8 日	北京成立第一圣母会。
1610 年 4 月	李之藻领洗入教，由利玛窦在北京付洗。是年 5 月 10 日利玛窦在北京逝世。
1611 年 5 月 8 日	浙江杭州开教。耶稣会会士奉命修中国历法。
1613 年 2 月	金尼各起程赴罗马为国籍神职班及圣祭礼仪用华文两事陈述缘由。
1615 年 6 月 27 日	教宗保禄五世颁布节略准将圣经译成华文，行礼仪时得用华语，举祭时并可戴祭巾。
1616 年	沈潅兴起教难。
1622 年	教难重兴。
1623 年	中国耶稣会葡国副省区成立。
1625 年 3 月	西安景教碑发掘出土。
1629 年	耶稣会会士担任修正历法。
1630 年	汤若望担任修正历法。
1631 年	第一多敏我会会士郭琦司铎（Fr. Angelo Cocchi）来华，驻福建。

1633 年	第一方济各会会士利司铎来华。是年 11 月 8 日徐光启逝世。
1635 年	教士们对礼仪形式发生争执，相持很久，不能解决，因将全案呈报罗马核夺。
1642 年	多敏我会会士毛拉莱（J. B. Moralès，O. P.）到罗马对礼仪案提异议。
1644 年	清帝入关，改元顺治元年。
1645 年 9 月 12 日	毛拉莱意见书奉教宗批准。
1648 年	明永历太后马太后、王皇后、太子慈烜等，领洗入教。
1650 年	汤若望建北京第一座天主（南）堂落成，清帝顺治赐银助建。耶稣会会士卫匡国奉派往罗马提呈礼仪争执案意见书。
1656 年 3 月 23 日	卫匡国意见书奉教宗批准。多敏我会会士罗文藻在马尼剌祝圣司铎，为第一华籍司。
1658 年 8 月 17 日	南京成立第一宗代区，又在中国东南及西南两部设最先宗座管理区。
1659 年	教宗亚历山七世准祝圣华人为司，只需能诵拉丁文字。
1664 年	杨光先兴历法大狱，发生剧烈教难。
1666 年 8 月 15 日	汤若望逝世。
1669 年	毛拉莱和卫匡国对于礼仪案的意见，经二次批准。
1671 年	第一华籍耶稣会司铎，郑玛诺维信在罗马祝圣。

1673—1674 年	多敏我会那伐莱德（Navarrete）到罗马提呈礼仪争执案意见书。
1676 年	那伐莱德创办的 *Tractados Historicos* 出版。
1680 年	奥斯定会会士来华驻广东。是时中国第一位宗座代牧陆主教（Pallu）驻在福建。
1683 年	巴黎外方传教会会士初次来华驻福建。
1685 年 4 月 8 日	罗文藻任第一华籍主教，在广州祝圣。
1688 年 1 月 28 日	耶稣会会士南怀仁逝世。是年 2 月 7 日，法籍耶稣会会士初次来华驻北京。是年 8 月 1 日罗文藻主教祝圣三位华籍耶稣会司铎。
1690 年 4 月 10 日	北京南京两处设主教区，和澳门分立。
1691 年 2 月 27 日	罗文藻逝世。
1692 年 3 月 22 日	康熙颁准许自由传教诏谕。
1693 年 3 月 26 日	福建代牧闽当发表反对沿用礼仪书。
1696 年 10 月 15 日	添设八处宗代区。
1700 年	中国天主教信友达三十万人。是年 11 月 30 日，礼仪争执案奏呈康熙核夺。
1703 年 12 月 9 日	禁城内建天主堂（俗称北堂），行正式闭堂礼。
1704 年 11 月 20 日	罗玛圣部驳斥中国礼仪。
1705 年 12 月 4 日	教廷专使多罗嘉乐（Charles - Thomas Maillard de Tournon）到北京觐见康熙。
1706 年 8 月 28 日	专使多罗出京。
1707 年 1 月 25 日	多罗在南京宣布教宗禁约（1704 年 11 月 20 日）。
1710 年 6 月 8 日	多罗晋升枢机后，在澳门逝世。

1715 年 3 月 19 日	教宗格肋孟十一世为礼仪案颁布“Ex illa die”通牒。
1720 年 9 月 26 日	嘉乐（Charles Mezzabarba）以教宗钦名义到澳门。
1721 年 11 月 4 日	嘉乐宗主教颁布礼仪案《准行八条》。
1723 年	康熙逝世。
1723—1727 年	皇族酥努全家遭流放。
1724 年 1 月 10 日	雍正帝下谕禁止传习天主教。
1732 年	意图奈泊尔斯开设圣家学院，培植华人司铎。
1742 年 7 月 11 日	教宗本笃十四世颁布“Ex guo Singulari”通牒重申礼仪案禁令。
1773 年	耶稣会被迫服从解散命令。
1785 年 4 月 29 日	遣使会士到北京。代耶稣会士职务。
1800 年	中国天主教信友人数为二十万。
1807 年	誓反教徒开始来华传教。
1814 年	耶稣会恢复。
1842 年	《南京条约》成立。耶稣会会士回华，驻江南传教。
1844 年	签订中法条约，准人民自由奉天主教。
1847 年	仁爱会修女们初次来华（驻澳门）。
1848 年	沙德圣保禄女修女们初次来华（驻香港）。
1850 年	上海耶稣会会士创办徐汇公学。中国天主教信友人数三十二万。
1855 年	上海创办献堂会。

1856年1月21日	北京南京两属改设宗代区。
1858年	吉林创立圣母圣心会。密良外方传教会士们初次来华（驻香港）。
1860年	订立《北京条约》规定信教自由。加诺萨会修女们初次来华（驻香港）。香港创立耶稣宝血会女修会。
1865年	圣母圣心会司铎们初次来华传教蒙古。
1867年	拯救会修女们初次来华（驻上海）。
1869年	加尔默落（Carmel）圣衣会修女们初次来华（驻上海）。
1870年6月21日	天津天主教信友们被屠杀。教学修女们初次来华（驻香港）。
1872年	北京创立若瑟女修会。
1875年	包底欧上智会修女们初次来华（沈阳）。
1879年	奥斯定会会士回华（湖南）。圣言会司铎们初次来华（兖州）。
1880年	湖北老河口创立圣方济各第三修女会。正定创立若瑟修女会。
1883年	西都苦修会会士们初次来华（河北杨家坪）。
1885年	罗马圣伯多禄、圣保禄修院教士们初次来华（陕西汉中）。
1886年	方济各圣母传教会修女们初次来华（烟台）。
1889年	多敏我会修女们初次来华（福州）。中国诸位致命第一次列入真福品。
1892年	宁波创立拯灵会女修会。
1893年	圣母小昆仲会修士们初次来华（上海）。

1894 年	热河创立圣母无染原罪女修会。
1897 年	吉安创立圣妇亚纳女修会。
1898 年	广州创立圣母无原罪会。
1900 年	中国天主教信友增至七十四万一千五百六十二人。华北发生义和团之乱。
1901 年	永平创立圣母女修会。
1902 年	慈幼会司铎们初次来华（澳门）。
1903 年	上海创办震旦大学。南宁创立圣家女修会。
1904 年	巴尔玛外方传教会会士们初次来华（河南）。安老会修女们初次来华（上海）。
1905 年	宜昌创立方济各第三圣母会。圣神忠仆会修女们初次来华（兖州）。中国废科举。
1907 年	加拿大始孕无玷会修女们初次来华（广州）。
1910 年	埃及方济各会传教修女们初次来华（湖北老河口）。兖州创立圣家女修会。重庆创立耶稣圣心会。
1911 年 10 月 10 日	武昌起义。
1912 年 1 月 1 日	中华民国临时政府成立。
1913 年	叙州创立圣道贞女会。沈阳创立圣母圣心会。
1914 年	杭州创立圣心女儿会。
1915 年	贵阳创立圣心修女院。
1917 年	伊苏登司铎们初次来华（贵阳）。汉口创立方济各第三会训蒙院。
1918 年	玛利诺外方传教会司铎们初次来华（广东江门）。
1919 年 11 月 30 日	教宗本笃十五世颁布“Maximun illud”通牒。

1920 年	圣高隆庞外方传教会会士们初次来华（汉阳）。玛利诺多敏我会外方传教会修女们初次来华（香港）。山林圣玛利亚上智会修女们初次来华（河南开封）。南阳创立圣母无原罪会。
1921 年	信友人数共计二百零五万六千三百三十八。苦难会会士们初次来华（湖南辰州）。
1922 年	圣心司铎会（云南大理）、比布斯二心会（广州琼州）、包勒杜玛利亚若瑟女儿会（热河）、勒奴维尔天神母后会（贵阳）、圣乌苏拉罗马联合会（汕头）、圣若瑟小姊妹会（山西潞安）初次来华。西安耶稣圣心方济各第三修女会和汉中善导会成立。是年 8 月 9 日教廷设立驻华宗座代表。天津创办工商学院。11 月 8 日第一任宗座驻华代表总主教刚恒毅来华就职。
1923 年	救世主会会士们初次来华（福建邵武）。蒙弗拉笃进教久佑会修女们（韶州）、鲁文奥斯定会传教修女们（宁夏）和南林劳来笃修女们（汉阳）初次来华。是年 12 月 12 日湖北蒲圻第一华籍宗座监牧就职。是年 5 月 15 至 6 月 12 日，上海举行第一次全国公会议。加拿大宝血会修女们初次来华（献县）。太原创立贞女传信教授会。
1925 年	北京美国本笃会士创立辅仁大学。开倍克外方传教会会士们（四平街）、司格包罗勃埒夫外教会会士们（处州）、印五伤司铎会会士们（易县）、奥斯定第三会教学修女们（常德）、孔万仁爱会修女们（辰州）和方济各会服务医院的修女们（济南）初次来华。

1926 年 2 月 28 日	教宗庇护十一世颁布“Rerum Ecclesiae”通牒。是年 6 月 15 日，教宗又降了一道通牒给中国各处传教区主脑。本年来华的男修会有罗本（Lopham）本笃会会士们（四川西山）、嘉布遣会会士们（甘肃）、方济各特规会会士们和白冷外方传教会会士们（齐齐哈尔），女修会有圣高隆庞会传教修女们（汉阳）、美国毕资堡圣若瑟会修女们（辰州）、贝来圣母赎掳会传教修女们（芜湖）、加罗萨圣母会教学修女们（献县）、耶稣圣心会修女们（上海）、圣心会修女们（嘉兴）和救世主会修女们（邵武）。宁夏创立圣女婴孩耶稣德肋撒女修会。是年 10 月 26 日，教宗庇护十一世在罗马亲自祝圣六位华籍主教。
1927 年	巴尔玛乌苏里拉圣心会修女们（蚌埠）和方济各第三会仁爱会修女们（湖南永州）初次来华。广东北海创立圣母会和无原罪会。
1928 年	奥斯定重整会会士们（河南归德）、赎世主会会士们（河南驻马店）、奥迪尔本笃会会士们（吉林延吉），奥斯定重整会修女们（归德）和拉克劳司卒世朝拜方济各会修女们（武昌）初次来华。安国创立圣若翰保第斯大小兄弟会。兖州创立传信协助会。是年 2 月 8 日中华公教教育联合会成立。8 月 1 日教宗庇护十一世致电中华民族表示同情。

1929 年	美国沃海洼州若瑟山仁爱会修女们（武昌）、英琴波圣十字架修女们（齐齐哈尔）、圣方济各沙拉修女们（朔州）和奈缪圣母修女们（武昌）初次来华。武昌创立圣若瑟善功会。汉中创立宝血会，烟台创立圣母传教会，安国创立德来院。是年 6 月 12 日饬各属奉行 1924 年上海第一次全国公会议决各案。本年一年中传教士被匪戕害的多至十一人。
1930 年	全国分作一百个教区。本年被掳教士多至七十七人，为从所未有。美国本笃会修女们（北平）和嘉布遣会第三会圣家女修女们（平凉）初次来华。宣化创立主徒会。集宁创立献堂修女会。
1931 年	门斯德始孕无玷会修女们（济南）和耶稣孝女会修女们（安庆）初次来华。海门创立小德肋撒会。兰州创立圣家女修会。
1932 年	河北永年创立圣神修女会。献县创立圣母救亡会。
1933 年	湖南衡州创立玛利亚亚松大方济各第三修女会，常德创立传教贞女会。善牧会修女们、（上海）奥斯定常律会会士们（西藏）和圣母心子会司铎们（徽州）初次来华。是年 6 月 11 日，教宗庇护十一世在罗马第二次亲自祝圣三位华籍主教。圣言会接管北平辅仁大学。

附录二：在华天主教报刊目录

序号	报刊名称（英/中译名）	出版地	创刊期	发行量	规格（厘米）	尺寸	价格	语言	出版组织或教团	特征	评注
						页码/单张	订阅单价/年定价				
第1组：日报（1～3）											
1	北平益世报 *Social Welfare*	北平（河北）	1915年	1 500	72.5×51	12～14/3～3.5	4美分/11美元	中文	世俗（个体）	报纸	参见3和12
2	每日天气报告 *Daily Weather Report*	上海（江苏）	1906年	110	43×34	2/	/20美元	英文	耶稣会（徐家汇气象站）	气象学	—
3	天津益世报 *Social Welfare*	天津（河北）	1915年	25 000～30 000	76×51	12～14/3～3.5	4美分/11美元	中文	世俗（公司）	报纸	参见1和12
第2组：周刊（4～14）											
4	公教周刊 *Catholic Weekly*	厦门（福建）	1929年	800	26.3×19.3	22/	/2美元（国内）5美元（国外）	中文	道明会	宗教	—
5	崇实报 *La Vérité*	重庆（四川）	1904年	900	63.5×52.5	8/2	/1.50美元（国内）4美元（国外）	中文（法语副刊；参见注释6）	巴黎外方传教会	报纸	使用竹纸；单面印刷
6	崇实报 *La Vérité*	重庆（四川）	1904年	900	38.5×27	4/1	30美分/	法语（中文副刊；参见注释5）	巴黎外方传教会	报纸	—

（续上表）

序号	报刊名称（英/中译名）	出版地	创刊期	发行量	规格（厘米）	尺寸	价格	语言	出版组织或教团	特征	评注
						页码/单张	订阅单价/年定价				
7	教区周刊 *Parish Weekly*	汉口（湖北）	1935 年	400	39 × 27	8/2	向教区教民免费发送	英文	方济会	宗教	—
8	宠光通讯社 *Lumen News Service*	北平（河北）	1935 年	300	34 × 22.5	8/8	不固定	中文	宠光天主教主教会议委员会	通讯社	英法语版参见 9
9	宠光通讯社 *Agentia Lumen*	北平（河北）	1935 年	300	34 × 22.5	12/12	不固定	英文—法文	宠光天主教主教会议委员会	通讯社	中文版参见 8
10	圣教杂志 *The Catholic Review*	上海（江苏）	1935 年	500	26.5 × 19	36/	30 美分/10 美元（邮费另算）	英文	世俗（个体）	宗教	—
11	导光 *The Guiding Light*	天津（河北）	1933 年	1 500	55 × 40	4/1	5 美分/2 美元	中文	耶稣会	青年科学期刊	—
12	益世主日报 *The Sunday "Social Welfare"*	天津（河北）	1912 年	3 000	26 × 18	16/	/1.50 美元（地方）；2 美元（国内）；4 美元（国外）	中文	世俗（公司）	宗教和文化	参见 1 和 3
13	光华报 *China Light*	济南（山东）	1933 年	2 000	76 × 53	8/2	/2 美元	中文；英文副刊	方济会	报纸	画刊。英文副刊；1/2 单张页；4 个页码
14	光华报 *China Light*	武昌（湖北）	1935 年	1 500	65.5 × 52	8/2	/2.50 美元	中文；英文副刊	方济会	报纸	—
第 3 组：旬报（15 ~ 17）											
15	公教旬报 *The Catholic Journal*	潞安（山西）	1934 年	140	35.5 × 30	2 ~ 6/	/50 美分	中文	方济会	报纸	单面石版印刷

（续上表）

序号	报刊名称（英/中译名）	出版地	创刊期	发行量	规格（厘米）	尺寸	价格	语言	出版组织或教团	特征	评注
						页码/单张	订阅单价/年定价				
16	公教进行 *Catholic Action*	北平（河北）	1929 年	2 450	18.5 × 13	46/	/80 美分	中文	公教进行会总部	宗教；全中国	—
17	公教学校 *The Catholic School*	北平（河北）	1935 年	3 500	26 × 18	12/	/50 美分	中文	中国天主教主教会议委员会	天主教教育；全中国	—
第 4 组：半月刊（18 ~ 23）											
18	道南半月刊 *Tao Nan Fortnightly*	福州（福建）	1935 年	500	26.3 × 19	32/	6 美分 /1 美元（国外邮费每份 5 美分）	中文	道明会	宗教	—
19	观察者 *Spectator*	宜昌（湖北）	1928 年	200	30 × 22.5	2/1	免费	拉丁文	方济会	传教新闻	—
20	*Religiao e Pàtria*	澳门	1914 年	1 320	25 × 18	16/	自愿投稿	葡萄牙语	世俗教士	宗教	—
21	*Bulletin Sismique*	上海（江苏）	1905 年	200	31 × 18	1/	/2 美元	法语	耶稣会（徐家汇气象站）	地震学	—
22	明星通讯 *Bright Star News*	秦州（甘肃）	1924 年	100	36 × 23	2/	免费	中文	西班牙圣芳济各嘉布会	宗教	单面印刷
23	天主公教白话报 *The Catholic Colloquial News*	烟州（山东）	1917 年	3 000	25.5 × 18	24/	5 美分 /1 美元	中文	圣言会	宗教	—
第 5 组：月刊（24 ~ 67）											
24	安庆教务月刊 *Catholic Affairs Monthly*	安庆（安徽）	1932 年	600	20 × 15	30/	/80 美分	中文	耶稣会	宗教	—
25	*L'Aurore d'Ouangmou*	安路（贵州）	—	—	—	—	—	法文	巴黎外方传教会	宗教学校报纸	—

（续上表）

序号	报刊名称（英/中译名）	出版地	创刊期	发行量	规格（厘米）	尺寸	价格	语言	出版组织或教团	特征	评注
						页码/单张	订阅单价/年定价				
26	公教青年 *Catholic Youth*	广州（广东）	1932 年	500	26 × 18.5	32/	/1 美元	中文	巴黎外方传教会	宗教	插图
27	*Echos du Shek-shat*	广州（广东）	1917 年	100	29 × 18.5	1/1	免费	法文	巴黎外方传教会	传教新闻	单面印刷
28	*Echos del Apostolado*	常德（湖南）	1931 年	600 ~ 1 000	21.5 × 14	36/	/1 美元（国内）；1.50 美元（国外）	西班牙文	奥古斯丁教义会	宗教	—
29	台州教区月刊 *Taichow Diocesan Monthly*	海门（浙江）	1932 年	600	21 × 16.5	40/	3 美分/ /30 美分（邮费 6 美分）	中文	中国天主教遣使会	宗教	—
30	我存杂志 *The Wo-Chuan Review*	常州（浙江）	1933 年	3 000	25 × 18.5	66/	/1 美元	中文	遣使会	宗教、文化、经济、教育和卫生	插图
31	*Apostolato Francescano in China*	汉口（湖北）	1932 年	340	23.3 × 15	33/	/3 美元（国内）意大利 10 里拉（国外）	意大利文	方济会	宗教	插图
32	*Bulletin de la Société des*	香港	1922 年	1 800	21.5 × 14	80/	香港/ 3 美元（国内）	法文	巴黎外方传教会	社会公报	插图
33	公教报 *The Catholic News*	香港	1928 年	5 000	78.5 × 54.5	8/2	/1 美元	中文	米兰外方传教会	宗教	—
34	*League Leaflet of H'kong*	香港	—	500	50 × 17.5	4/1	免费	英文	米兰外方传教会	宗教	插图

（续上表）

序号	报刊名称（英/中译名）	出版地	创刊期	发行量	规格（厘米）	尺寸	价格	语言	出版组织或教团	特征	评注
						页码/单张	订阅单价/年定价				
35	*The Rock*	香港	1927年	1 400	30×21.8	50/	30美分/香港4美元（国内）；8先令（欧洲和澳大利亚）；2美元（美国）	英文	耶稣会	宗教	插图
36	青年指导月刊	洪洞（山西）	1928年	250	27.3×19.5	12/	30美分	中文	中国修会圣职人员	学校杂志	石版印刷
37	我们的教区	嘉应（广东）	1935年	3 500	27.5×19.5	16/	2美分	中文	玛利诺外方传教会	宗教	—
38	*Todos Misioneros*	商丘（河南）	1928年	2 000	22×15	50/	5西班牙银币	西班牙	重整思定会	宗教	插图
39	*Le Ripuaire*	蓝龙（贵州）	—	100	37×31	1/1	免费	法语	巴黎外方传教会	宗教和传教新闻	—
40	*L'Araldo Missionario*	老河口（湖北）	1930年	400	27.2×19.8	24/	免费	意大利语	方济会	宗教和传教新闻	用中国纸；单面油印
41	澳门教区简报 *Boletim Eclesiastico da Diocese de Macau*	澳门	1903年	350	25×18.3	80/	免费	葡萄牙语	修会圣职人员	宗教和特派团新闻	—
42	明我 *Enlightenment*	澳门	1933年	300	26×18.5	24/	5美分	中文	慈幼会	宗教学校报纸	—
43	母校铎声 *The Herald*	澳门	1931年	300	26.2×18.5	22/	免费	中文	慈幼会	男毕业生报纸	用中国纸印刷
44	南针 *The Compass*	南宁（广西）	1934年	400	24×16	40/	1美元	中文	巴黎外方传教会	宗教	单面石版竹纸印刷

（续上表）

序号	报刊名称（英/中译名）	出版地	创刊期	发行量	规格（厘米）	尺寸	价格	语言	出版组织或教团	特征	评注
						页码/单张	订阅单价/年定价				
45	*Le Kién-tcháng*	宁远（四川）	1923 年	100	30.5×25	2/2	免费	法语	巴黎外方传教会	传教新闻	—
46	春笋 *Bamboo Sprouts*	北平（河北）	1929 年	500	21×19	100～150/	20 美分/	中文	世俗会（辅仁大学）	政治和艺术，学生论文	暂时停刊
47	*Le Bulletin Catholique de Pékin*	北平（河北）	1914 年	900	24×16.2	56/	/3 美元（国内）；4 美元（国外）	法语	遣使会	宗教—文化	—
48	辅仁美术月刊 *Fujen Art Monthly*	北平（河北）	1933 年	500	26.3×19.5	16/	20（国外）	中文	世俗会（辅仁大学）	艺术	暂时停刊；插图
49	辅仁杂志 *Fu Jen Magazine*	北平（河北）	1934 年	2 000	29×22.5	16/	10 美分/1 美元	英语	圣言会（辅仁大学）	宗教和中国文化	在美国印刷；主要在美国发行
50	新北辰 *The New North Star*	北平（河北）	1929 年	4 000	26×19	100/	/2 美元（国内）；4 美元（国外）	中文	公教进行会总部	宗教、文化和教育	插图
51	*Petit Echo de Saint-Michel*	北平（河北）	1920 年	150	30.5×24.5	8～12/	免费	法语	遣使会	宗教	—
52	Sacerdos in Sinis	北平（河北）	1917 年	1 150	24×15.7	40/	/2 美元（国内）；2.80 美元（国外）	拉丁文—中文	遣使会	宗教	—
53	惠我小学 *Wei-Wo Primary School*	北平（河北）	1934 年	150	26.3×18	16/	5 美分/	中文	遣使会	学校报纸	—
54	晓明 *The Dawn*	平阳（浙江）	1934 年	250	27×20	22/	—	中文	遣使会	宗教	插图

（续上表）

序号	报刊名称（英/中译名）	出版地	创刊期	发行量	规格（厘米）	尺寸	价格	语言	出版组织或教团	特征	评注
						页码/单张	订阅单价/年定价				
55	圣光 *The Light*	旧金山（美国）	1928年	200	46×37	4/1	免费	中文—英文	旧金山中华宣道会	宗教和教育	中文文本印刷；英文文本石版印刷；报纸形状
56	祈祷宗会主保单 *Apostleship of Prayer*	上海（江苏）	1922年	14 500	13×8	6/	2美分/	中文	耶稣会	宗教	—
57	圣教杂志 *Revue Catholique*	上海（江苏）	1911年	3 800	22×15	64/	12美分/1.20美元	中文	耶稣会	宗教	—
58	*Revue Mensuelle de Météorologie*	上海（江苏）	1913年	500	32×26	4/	/2美元	法文	耶稣会（徐家汇天文台）	气象学	—
59	圣心报 *Sacred Heart Messenger*	上海（江苏）	1887年	5 200	18×12	36/	/43美分	中文	耶稣会	宗教	—
60	*Inter Nos*	韶关（广东）	1920年	500	26×17.5	8/	免费	意大利文	慈幼会	宗教	插图
61	小军人月刊 *Little Crusaders' Monthly*	绥化（察哈尔）	1935年	1 000 ~ 1 500	18.5×12.5	128/	10美分/1美元	中文	中国修会圣职人员	宗教	插图
62	*L'Echo du Thibet*	康定（四川）	—	—	37×24.5	1/1	免费	法文	巴黎外方传教会	传教新闻	单面印刷
63	*Apostolicum*	济南（山东）	1930年	1 500	26.5×19	40/	/3.25美元	中文—拉丁文	方济会	宗教	插图
64	*Franciscans in China*	武昌（湖北）	1922年	2 200	22.5×15	32/	/2美元（国内）；2美元（国外）	英文	方济会	宗教	插图；派送美国和其他说英语的国家

(续上表)

序号	报刊名称(英/中译名)	出版地	创刊期	发行量	规格(厘米)	尺寸	价格	语言	出版组织或教团	特征	评注
						页码/单张	订阅单价/年定价				
65	将来的中国 *The Future China*	武昌(湖北)	1935 年	250 ~ 300	26 × 18.5	30/	/60 美分	中文	方济会	小学报纸、文化	—
66	真光公教月刊 *The Light Catholic Monthly*	武昌(湖北)	1935 年	3 000	18.5 × 13.5	40/	50 美分/4 增刊 80 美分	中文	方济会	宗教	插图
67	国民小报 *Kuomin Siobo*	延安府(陕西)	1933 年	300	19 × 13	14/	/30 美分	中文(罗马化)	方济会	宗教	因共产主义运动暂时停刊
第 6 组:每年出版十期的刊物(68 ~ 72)											
68	教育丛刊 *Collectanea Commissionis Synodalis/ Dossiers de la Commission Synodale/ Digest of the Synodale Commission*	北平(河北)	1928 年	850	24 × 18	100/	/6 美元(国内);9 美元(国外)	拉丁文、英文、法文、中文	天主教主教会议委员会	教评中国	海内外发行
69	磐石杂志 *The Rock Review*	北平(河北)	1933 年	2 000	26.5 × 18.5	80/	12 美分(国内)/1 美元(国外);15 美分(国外)/1.50 美元(国外)	中文	公教进行会总部	青年宗教—哲学	全中国发行
70	汇学杂志(乙种) *En Famille*	上海(江苏)	1926 年	500	26 × 19	20/	6 美分/50 美分	法文—中文	耶稣会	校刊	—
71	圣体军月刊 *Knights of the Blessed Sacrament*	上海(江苏)	1931 年	2 000	19 × 13	32/	/40 美分	中文	耶稣会	宗教	插图

（续上表）

序号	报刊名称（英/中译名）	出版地	创刊期	发行量	规格（厘米）	尺寸	价格	语言	出版组织或教团	特征	评注
						页码/单张	订阅单价/年定价				
72	慈音 *The Voice of Mercy*	上海（江苏）	1934 年	400	18 × 10	12/	/30 美分	中文	耶稣会	宗教	—
第 7 组：每年出版八期的刊物（73）											
73	我们的教育 *Our Education*	上海（江苏）	1927 年	400	23 × 15	32/	/72 美分	中文	耶稣会	宗教—教育；中学报纸	—
第 8 组：半月刊（74 ~ 78）											
74	*Mision de Anking*	安庆（安徽）	1924 年	800	22 × 15	30/	免费	西班牙语	耶稣会	宗教和传教新闻	—
75	*Echo de Chefoo*	烟台（山东）	1903 年	900	26 × 18.5	32/	/2 美元	法文	方济会	宗教和传教新闻	插图
76	*Le Petit Messager de Ning-Po*	宁波（浙江）	1911 年	500	24.7 × 17	80/	免费	法文	遣使会	宗教和传教新闻	油印；画刊
77	*Bulletin du Pium Opus*	北平（河北）	1929 年	1 700	21.5 × 15	32/	免费	法文	特拉普教派	宗教	中文增刊，参见 78
78	远东归化善会 *Bulletin de l'Oeuvre de Messes et de la Croisade de Prières*	北平（河北）	1928 年	900	21.5 × 15	24/	免费	中文—拉丁文	特拉普教派	宗教	增刊，参见 77 Bulletin du Pium Opus
第 9 组：季刊（79 ~ 88）											
79	公教季刊 *The Catholic Quarterly*	广州（广东）	1924 年	300	19 × 13	44 ~ 64/	免费	中文	巴黎外方传教会	宗教	—
80	慈幼会季刊 *Salesian Quarterly*	澳门	1931 年	320	24.5 × 17.5	24/	免费	中文	慈幼会	宗教、社会和经济	插图

（续上表）

序号	报刊名称（英/中译名）	出版地	创刊期	发行量	规格（厘米）	尺寸	价格	语言	出版组织或教团	特征	评注
						页码/单张	订阅单价/年定价				
81	公教妇女 *Catholic Womanhood*	北平（河北）	1934 年	400	26×19	60/	/60 美分	中文	公教进行会总部	宗教和社会妇女杂志	—
82	细流 *The Streamlet*	北平（河北）	1934 年	500	26.3×18.7	40～50/	8 美分/	中文	世俗会（辅仁大学）	艺术和文学；学生报纸	—
83	*Unio Apostolica*	北平（河北）	1924 年	400	18.5×13	8～12/	免费	拉丁文	遣使会	宗教	—
84	中国 *The China Letter*	上海（江苏）	1930 年	1 100	31×23	4/1	免费	英文	耶稣会	传教新闻	插图
85	*Ecos da Missão de Shiuhing*	肇庆（广东）	1925 年	2 000	八开本	24/	免费	葡萄牙语	耶稣会	宗教和传教新闻	—
86	献县教区公教进行会季刊 *Catholic Action Quarterly*	献县（河北）	1925 年	1 000	23.5×14	16/	10 美分/30 美分	中文	耶稣会	宗教	插图
87	海星 *Star of the Sea*	献县（河北）	1936 年	1 500	23×15	40/	30 美分（国内）；45 美分（国外）	中文	耶稣会	宗教；会社报纸	—
88	中国白话报 *St. Fidelis-Stimmen, Missionsan-chrichten aus Tsinchow*	秦州（甘肃）	1924 年	100	28×20	25/	免费	德文	西班牙圣芳济各嘉布会	宗教和传教新闻	—
第 10 组：每年出版三期的刊物（89）											
89	*Relations de Chine*	上海（江苏）	1902 年	—	24×16	76/	—	法文	耶稣会	宗教和传教新闻	插图；法文印刷
第 11 组：半年刊（90～101）											
90	报告书 *Catholic Action Report*	澳门	1935 年	1 400	22.5×15	50/	免费	中文	修会圣职人员	宗教半年公告	插图

（续上表）

序号	报刊名称（英/中译名）	出版地	创刊期	发行量	规格（厘米）	尺寸	价格	语言	出版组织或教团	特征	评注
						页码/单张	订阅单价/年定价				
91	辅仁学志 *Fu Jen Hsueh-Chih*	北平（河北）	1930 年	500	26×19	120/	50 美分/1 美元	中文	圣言会（辅仁大学）	文化评论	插图
92	辅仁广东同学会半年刊 *Kwangtung Students' Semi-Annual*	北平（河北）	1934 年	600	25.3×19	120/	10～50 美分/	中文	世俗会（辅仁大学）	学生报纸	插图
93	华裔学志 *Monumenta Serica*	北平（河北）	1935 年	750	26.5×20	250/	/15 美元	多语	圣言会（辅仁大学）	东方学刊	插图
94	教育与心理 *Education and Psychology*	北平（河北）	1934 年	500	26×18.5	76/	15 美分/	中文	世俗会（辅仁大学）	学生报纸；教育和心理	—
95	*Bulletin Aérologique*	上海（江苏）	1931 年	250	31×25	16/	/50 美分	法文	耶稣会（徐家汇天文站）	气象学	—
96	震旦杂志 *Bulletin de l'Université de l'Aurore*	上海（江苏）	1909 年	500	23×16	100/	/1 美元	法文—中文	耶稣会（震旦大学）	大学报纸	插图
97	震旦医刊 *Bulletin Médical de l'Université de l'Aurore*	上海（江苏）	1915 年	500	23×16	40/	/1 美元	中文—法文	耶稣会（震旦大学）	医学	插图
98	*Physique*	上海（江苏）	1934 年	250	31×25	40/	/2 美元	法文	耶稣会（徐家汇天文站）	气象学	—
99	理工杂志 *Revue des Sciences*	上海（江苏）	1932 年	1 500	26×18	80/	50 美分/1 美元	中文	耶稣会（震旦大学）	科学和技术	插图
100	法中期刊 *Le Trait d'Union*	大名（河北）	1922 年	300	24×16.8	50/	/1 美元	中文—法文	耶稣会	学校杂志	插图

（续上表）

序号	报刊名称（英/中译名）	出版地	创刊期	发行量	规格（厘米）	尺寸	价格	语言	出版组织或教团	特征	评注
						页码/单张	订阅单价/年定价				
101	工商学志 "*Hautes Etudes*" *Review*	天津（河北）	1934 年	600	26.3×18.7	90/	50 美分/	中文—英文	耶稣会（Institute des Hautes Etudes）	商业和技术	插图
第 12 组：年刊（102～111）											
102	*Chinese Catholic Young Men's Society*	香港	1924 年	—	20.5×15	28/	免费	中文—英文	世俗会	年度报告	插图
103	友善年刊 *Friends of Virtue*	潞安（山西）	1928 年	100	18.5×13	60/	30 美分/30 美分	中文	方济会	宗教	—
104	*Les Missions de Chine*	北平（河北）	1924 年	1 000	22×15	735/	2.5 美元/2.5 美元	法文	遣使会	传教目录	—
105	中华全国教务统计 *Annuaire des Missions Catholiques de Chine*	上海（江苏）	1903 年	900	25×16	100/	80 美分/80 美分	法文—中文	耶稣会	传教统计	—
106	*Bulletin des Observations Météorologiques*	上海（江苏）	1872 年	225	31×25	225/	5.5 美元/5.5 美元	法文	耶稣会（徐家汇天文站）	气象学	—
107	医学杂志（甲种）*En Famille*	上海（江苏）	1922 年	350	24×18	100/	1 美元/1 美元	中文—法文	耶稣会	学校杂志	插图
108	*Observations Magnétiques*	上海（江苏）	1876 年	250	31×25	70/	4 美元/4 美元	法文	耶稣会（徐家汇天文站）	磁学	—
109	多玛会刊 *St. Thomas' Society Annual*	汕头（广东）	1930 年	—	21×14.5	80/	20 美分/20 美分	中文	巴黎外方传教会	宗教	插图
110	实益年刊 "*Utility*" *Almanac*	青岛（山东）	1917 年	1 000	23.5×16	55/	20 美分/20 美分	中文	圣言会	宗教年鉴	—

（续上表）

序号	报刊名称（英/中译名）	出版地	创刊期	发行量	规格（厘米）	尺寸	价格	语言	出版组织或教团	特征	评注
						页码/单张	订阅单价/年定价				
111	校友会年刊 *School Annual*	魏县（河北）	1933 年	300 ~ 500	25. 5 × 18	60/	—	中文	中国修会圣职人员	学校和男毕业生报纸	—
第 13 组：非定期出版刊物（112 ~ 115）											
112	曙光 *The Aurora*	旧金山（美国）	1919 年	100	22. 2 × 15	70/	免费	中文—英文	旧金山中华宣道会	宗教和教育	中文文本印刷；英文文本石版
113	*Bulletin de l'Observatoire de Zô-sè*	上海（江苏）	1907 年	250	31 × 25	200/	/6 ~ 10 美元	法文	耶稣会（Zôsè 气象站）	天文	每年出版 1 到 7 期
114	*Renseigements. Bureau Sinologique de Zi-Ka-wei*	上海（江苏）	—	380	26 × 18. 5	6/1. 5	免费	法文	耶稣会	教育和文献信息	—
115	文珊苗圃 *Wenshan Seminary*	郁江（广西）	1935 年	200 ~ 300	22 × 15	40/	免费	中文	遣使会	宗教	石版印刷

天主教主教会议委员会在罗文达博士的技术支持下，为 1936 年出版的《梵蒂冈世界天主教报刊展览会》（*Vatican Exposition of the World Catholic Press*）准备资料。主编非常关注调查表中可能出现的错误，一旦发现，他们将来一定进行更正。

附录三：1935 年《中国报刊目录》

（*Newspaper Directory of China*，Carl Crow，Inc. 出版发行，上海，1935）①

前　言

当这本《中国报刊目录》于三年前首次出版发行时，出版商希望它能引起广泛的兴趣并证实其作为年度出版物记录的巨大价值。这个愿望后来被得以充分验证。《中国报刊目录》不仅在中国畅销，而且成为世界主要广告代理商的参考标准，同时它也被很多大学图书馆收录。

修订的第三版《中国报刊目录》比第一版和第二版包含了更多出版物的记录，增加部分可分为两部分：当年创刊的新出版物和第一版遗漏的旧出版物。1932 年上半年，商务印书馆和上海其他出版社遭到破坏，导致很多出版物停刊，有些至今仍未复刊。日益增长的出版自由意识在当年得到彰显，这源于出版物没有受到官方干预的事实。实际上，当时唯一干预报业的重要事件就是日本官方的鼓动，他们试图庇护对于北平一家英文日报和上海一家重要中文报纸的管制。由于日本官方占据满洲，该地区所有的出版物都在日本的严厉新闻审查之下，而且很多报刊遭到压制。

---

① 卡尔·克劳及其广告公司卡尔·克劳公司（Carl Crow，Inc.）编纂和出版的《中国报刊目录》（*Newspaper Directory of China*）（1921 年版和 1931 年版、1932 年版、1935 年版）在民国时期的中国新闻业中享有极高声誉。这份独立于政府和利益集团的报刊目录成为当时多数广告公司和商家参考的主要依据，在推动中国报业商业化发展方面发挥着重要的作用。——译注

当年新闻出版业发展中最有趣的事件是画刊的增加。很多画刊的印刷质量和编辑水平都很高，在短期内奠定了坚实的出版基础。

虽然中国日报的数量持续增长，报纸读者也在增加，但每天印刷的报纸总量却只有 300 万份。我们对中文日报的出版和发行进行了仔细的调查，得到了每个省份（包括香港）的报纸发行量和每 1 万人口中报纸的发行数量。在编制这个表格的时候，我们仔细关注大型报纸的发行范围，而这些报纸的发行数据通过几年来我们核实的广告收入和数以千计的固定商家都可以查证。例如，这些数据显示，上海大型报刊大约 64% 的发行分布在江苏省，而剩下 36% 的发行分布在其他省份。

如表所示：

省份或地区	报纸日发行量	地区人口	每万人口报纸发行量
安徽	23 532	19 832 665	11
浙江	103 242	22 043 300	46
大连	120 050	300 000	4 000
福建	50 395	13 157 791	45
河南	36 120	30 831 909	11
香港	276 700	513 000	5 393
河北	520 400	34 186 711	152
湖南	52 300	28 443 279	18
湖北	114 600	27 167 244	41
甘肃	2 945	5 927 997	4
江西	37 000	24 466 800	15
江苏	1 139 080	33 786 064	337
广西	14 100	12 258 335	11
广东	260 800	37 167 701	70

(续上表)

省份或地区	报纸日发行量	地区人口	每万人口报纸发行量
贵州	3 400	11 114 951	3
澳门	11 200	78 000	140
满洲	118 100	20 000 000	95
山西	23 100	11 030 827	20
山东	122 500	30 803 245	39
陕西	27 700	9 465 558	29
绥远	5 600	1 900 000	29
四川	97 700	49 782 810	19
云南	82 200	9 839 180	84

当然，表中报纸读者数量有很大水分。中国报刊的发行量有重复计算的，即个体很少单独订阅一张以上的报纸，很可能在其他任何国家复制的一份报纸在中国有多个读者。原始订阅者阅读过报纸之后，往往传送给其他人阅读，而广告刊登数月之后才接到关于广告的反馈信息，这已经成为普遍的做法。

每份报刊的读者数量估计在 5 ~ 10 人之间不等，所以日报读者数量大致介于 900 万 ~ 1 800 万之间。当然，这些数据不包括很多周刊、月刊以及以不同语言出版的其他出版物。

《中国报刊目录》所刊登的大多数发行数据都是出版商提供的，虽然有部分虚假和夸张，但我们相信这些数据基本是准确的。

厦门（福建省）

位于北集或者九龙江入海口——海门岛上的通商口岸，南距香港 300 英里，人口 470 000。

中文日报

《厦门民报》

1928 年创办，在思明东路出版。页数：10，12×20 英寸。发行量：3 700。

《厦门商报》

1923 年创办，在中山路出版。页数：8，14×20 英寸。发行量：700。

《全闽新日报》

1907 年创办，在岬角桥路（音译）6 号出版。页数：6，14×20 英寸。发行量：3 500。

《群报》

1934 年创办，在太平马路 63 号出版。页数：4，9×14 英寸。发行量：1 000。

《江声日报》

1919 年创办，在思明路 436 号出版。页数：8，14×19.5 英寸。发行量：6 830。

《时代日报》

1934 年创办，在中山路出版。页数：8，14×20.5 英寸。发行量：2 000。

《思明商学日报》

1920 年创办，在中山路 258 号出版，每天早晚各出一叠，星期天出两页增刊。页数：早刊，8，13.5×18 英寸。晚刊，4，9×13 英寸。发行量：4 000。

《厦门妇女》

1934 年创办，在中华路 23 号出版。页数：4，8.75×13.5 英寸。发行量：800。

《华侨日报》

1932 年创办，在厦禾路 305 号出版。页数：8，13.5 × 20 英寸。发行量：5 600。

安庆（安徽省）

安徽省省会，长江下游北岸，距上海 355 英里，人口 468 650。

中文日报

《皖报》

1927 年创办，在金神街出版。页数：12，13.75 × 20 英寸。发行量：4 000。

《民国日报》

1927 年创办，在日寿街出版。页数：8，13.75 × 20 英寸。发行量：2 000。

《民岩报》

1912 年创办，在天台里出版。页数：6，12 × 20 英寸。发行量：750。

《商报》

1923 年创办，在大红旮巷 5 号出版。页数：4，15 × 20 英寸。发行量：1 100。

《新皖铎报》

1921 年创办，在杨家拐 5 号出版。页数：8，12.25 × 19.5 英寸。发行量：1 500。

安东（辽宁省）

通商口岸，朝鲜铁路和南满铁路的交汇处，人口 286 198。

中文日报

《东边商工日报》

1930 年创办，在辽宁商会出版。页数：8，14 × 20 英寸。发行量：4 700。

广州（广东省）

华南重镇，坐落在珠江入口，南距香港 80 公里。广九铁路和广州—武汉铁路线的终点站。人口（官方统计数据）10 423 600。

中文日报

《广州市民日报》

1927 年创办，在光复路 227 号出版。页数：12，15.5 × 21 英寸。发行量：9 500。

《持平报》

1932 年创办，在光复中路 63 号出版。页数：8，14.75 × 19.25 英寸。发行量：1 000。

《大华晚报》

1933 年创办，在光复中路 119 号出版。页数：4，14.75 × 21.25 英寸。发行量：2 000。

《珠江日报》

1931 年创办，在长寿东路 27 号出版。页数：8，14.75 × 20 英寸。发行量：3 000。

《公评报》

1926 年创办，在太平北路 273 号出版。栏数：6，3.25 英寸高，15 英寸宽。页数：12，15 × 20 英寸。发行量：发行人宣称 38 000。

《公道报》

1933 年创办，在光复中路 53 号出版。页数：8，15 × 20.25 英寸。发行量：3 000。

《广州共和报》

1912 年创办，在光复路 36 号出版。栏数：8，3.75 英寸高，14.25 英寸宽。页数：8，16 × 22 英寸。发行量：发行人宣称 20 000。

《国民新闻》

1929年创办，在光复路63号出版。页数：8，14.25×19英寸。发行量：3 000。

《广东七十二行商报》

1907年创办，在光复路74号出版。栏数：6，3英寸高，16英寸宽。页数：10，16×22.25英寸。发行量：发行人宣称4 000。

《广州日报》

1930年创办，在长寿东路33号出版。页数：12，14.25×19.5英寸。发行量：2000。

《国华报》

1924年创办，在光复中路76号出版。栏数：7，3.25英寸高，16.25英寸宽。页数：8，16.25×22英寸。发行量：发行人宣称28 000。

《广州民国日报》

1925年创办，在光复路76号出版。栏数：6，3.25英寸高，14.25英寸宽。页数：8~16，14.5×19.25英寸。发行量：发行人宣称15 000。

《民生报》

1932年创办，在上九路16号出版。页数：8，14.875×19.25英寸。发行量：16 000。

《新国华报》

1924年创办，在光复中路151号出版。栏数：6或者8，2.25或3英寸高，15英寸宽。页数：4，14×19英寸。发行量：16 000。

《司法日报》

1916年创办，在光复中路153号出版。页数：8，15×22.5英寸。发行量：2 000。

《大中报》

1930年创办，在光复路出版。页数：8，14×19.5英寸。发行量：发行人宣称15 000。

《诚报》

1934年创办，在太平路273号出版。页数：4，15.75×22英寸。发行量：3 000。

《现象报》

1924年创办，在光复路53号出版。栏数：6，3.25英寸高，15英寸宽。页数：8，16×22.125英寸。发行量：发行人宣称20 000。

《越华报》

1928年创办，在光复路114号出版。页数：8，16.25×20.25英寸。发行量：20 000。

英文日报

《广州每日太阳报》（*Canton Daily Sun*）

广州太阳报公司发行，在蔡流积街（彩楼直街）。栏数：6，18英寸。页数：10，12.25×18英寸。发行量：发行人宣称每天3 000份。订阅费：中国、日本，M. $20.00；国外，G. $15.00。

英文周报

《中国真理》（*The China Truth*）

由中国真理出版公司在广州蔡流积街出版，电报挂号："真理，广州。"栏数：2，10.5英寸，20 ems（当前字体中m字母的宽度）。页数：26~30，7.25×10.5英寸。发行量：每周平均2 300。订阅费：当地每年M. $10.00，国外每年G. $5.00。

《国华报》——华南发行量最大的报纸

该报本着服务社会的精神在中国存在了20多年。所刊载的新闻和电讯稿都是真实、及时的，文章比较休闲，漫画风趣幽默。正因为如此，该报赢得了国内外读者的大力支持，订户达30 000。现在，报纸为了有更好的发展，最新式的滚筒印刷机被用于印刷彩色报纸。任何一位农场主、商人、厂长都希望在这份报纸上做广告，因为，这的确能给他们提供很大的帮助。

地址：广州光复中路第 76 号。注册电报：0042。

常州（江苏省）

位于上海—南京的铁路线上，在镇江和苏州中间，距离上海 130 英里，人口 702 301。

中文日报

《常州晚报》

1927 年创办，在县直街出版。页数：2，13.5 × 19.5 英寸。发行量：3 000。

《中山日报》

1922 年创办，在大庙巷出版。页数：4，12.5 × 9.25 英寸。发行量：2 000。

《商报》

1928 年创办，在第一公园出版。页数：4，13 × 19 英寸。发行量：3 200。

《武进夜报》

1932 年创办，在剑酒巷（音译）出版。页数：2，13.5 × 19.75 英寸。发行量：1 700。

《武进晨报》

1932 年创办，在竺简街（音译）出版。页数：2，13.5 × 19.75 英寸。发行量：1 700。

《钢报》

1930 年创办，在竺简街出版，每三天出一期。页数：4，20 × 13.25 英寸。发行量：3 000。

漳州（福建省）

位于厦门西北，一条私人铁路连接两个城市，人口300 000。

中文日报

《新民日报》

1931年创办，在永靖中路113号出版。页数：4，13×18英寸。发行量：1 000。

长春（吉林省）

重要的铁路中心，南满洲、华东和长春—吉林铁路的交汇点，人口500 000。

中文日报

《大东日报》

1913年创办，在第六大街出版。页数：8～10，14.25×19英寸。发行量：4 900。

长沙（湖南省）

湖南省省会，位于广州—汉口铁路北段的最南端，距汉口200英里。中国最重要的矿区中心，人口1 243 044。

中文日报

《全民日报》

1928年创办，在顺星桥16号出版。页数：8，13×19英寸。发行量：3 000。

《大公报》

1919年创办，在湘之星（仓后街湘清里9号）出版。页数：8，13.5×19英寸。发行量：3 000。

《湖南国民日报》

1926 年创办，在皇仓坪 42 号出版。页数：10，13.5 × 19.25 英寸。发行量：5 000。

《湖南民国日报》

1933 年创办，在高升巷 18 号出版。页数：10，13.5 × 19.5 英寸。发行量：5 200。

《通俗日报》

1929 年创办，在理问街出版。页数：8，13 × 19 英寸。发行量：2 000。

《市民日报》

1930 年创办，在仓后街出版。页数：8，14.5 × 19 英寸。发行量：4 600。

常熟（江苏省）

产稻中心，距苏州 21 英里，人口 836 986。

中文日报

《常熟每日新闻》

1932 年创办，在商会出版。页数：4，14 × 19 英寸。发行量：1 500。

《琴报》

1927 年创办，在北市中心出版。页数：4，14.25 × 20 英寸。发行量：3 500。

《虞阳报》

1915 年创办，在前苑巷 19 号出版。页数：8，13 × 18 英寸。发行量：2 000。

常德（湖南省）

湖南北边一个重要的城市，北京—湖南铁路穿过这个城市，人口 500 000。

中文日报

《常德民报》

1929 年创办，在常德中山西路万寿街（常德县党部）出版。页数：6，14 ×19.5 英寸。发行量：2 520。

《建设日报》

1929 年创办，在金盛巷 6 号出版。页数：4，13 ×19 英寸。发行量：2 000。

《民声日报》

1933 年创办，在安阳出版。页数：4，8.25 ×13 英寸。发行量：2 000。

巢县（安徽省）

安徽东部的一个城市，有公路与合肥相连，人口 408 446。

中文日报

《巢县日报》

1932 年创办，在忠厚街出版。页数：4，9 ×12.25 英寸。发行量：500。

烟台（山东省）

通商口岸，华北重要的沿途停靠港之一。人口 150 000，其中包括 1 100 外国人。

中文日报

《胶东卍报》

1932 年创办，在利东街出版。页数：8，15 ×20 英寸。发行量：2 500。

《钟声报》

1912 年创办，在升平街出版。页数：8，14.25 × 19.25 英寸。发行量：2 600。

《红卍字报》

1920 年创办。页数：8，13 × 19 英寸。发行量：2 800。

《东海日报》

1929 年创办，在勺子岛街出版。页数：8，14.5 × 20 英寸。发行量：5 800。

《芝罘日报》

1911 年创办，在主大街出版。页数：8，14.5 × 19.5 英寸。发行量：2 300。

英文日报

《烟台每日新闻》

1907 年创办，除星期一和节假日外，每天发行。栏数：6，18 英寸。页数：12，18 × 13.5 英寸。发行量：300。订阅费：每月 M. $2.00，每年 M. $24。

郑州（河南省）

陇海铁路和京汉铁路的交汇处，商业贸易中心。人口 100 000。

中文日报

《郑州华北日报》

1933 年创办，在苑陵街 97 号出版。页数：4，8.5 × 13.5 英寸。发行量：2 000。

《郑州日报》

1930 年创办，在汉川路 2 号出版。页数：6，14 × 19 英寸。发行量：3 500。

《陇海日报》

1932 年创办，在特设东浦出版。页数：4，13 × 20 英寸。发行量：1 000。

嵊新（浙江省）

位于浙江省南部，通过嵊新—新昌公路与新昌相连，人口220 799。

中文日报

《嵊新民报》

1932 年创办，在东前街出版。页数：4，9 × 14 英寸。发行量：2 200。

成都（四川省）

四川省省会，距重庆 260 公里。人口约 450 000。

中文日报

《成都明是日报》

1930 年创办，在成都悦来商场（31 号）出版。页数：4，14 × 19 英寸。发行量：3 000。

《成都快报》

1925 年创办，在春熙路 24 号出版。页数：8，14 × 19 英寸。发行量：5 200。

《西方夜报》

1933 年创办，在春熙路 34 号出版。页数：4，9.25 × 13 英寸。发行量：4 500。

《国民日报》

1928 年创办，在春熙路 28 号出版。页数：8，14 × 19 英寸。发行量：5 200。

《新新新闻》

1930 年创办，在春熙路 38 号出版。页数：16，9.25 × 13 英寸。

发行量：8 100。

《新四川日报》

1926 年创办，在东市长东大街出版。页数：8，14.25×18.5 英寸。发行量：1 000。

《国民日报副刊》

1931 年创办，由成都国民日报出版发行。页数：约 100，9×6.25 英寸。发行量：3 000。

《乐园》

1930 年创办，由成都国民日报出版发行。页数：80，9×14 英寸。发行量：3 000。

镇海（浙江省）

距离宁波 13 英里的海港，人口 362 985。

中文日报

《江声日报》

1926 年创办，在江平街出版。页数：8，14.5×19 英寸。发行量：2 000。

《新闻公报》

1931 年创办，在元黄路出版。页数：4～6，13.5×19 英寸。发行量：512。

镇江（江苏省）

江苏省省会，位于长江和南京—上海铁路线上的通商口岸，距上海 150 英里，人口 523 300。

中文日报

《镇江商报》

1933 年创办，在伯先路 60 号出版。页数：2，14.25×20.25 英寸。发行量：600。

《镇江晚报》

1928 年创办，在民国春街出版。页数：4，10×14 英寸。发行量：500。

《镇江晨报》

1933 年创办，在万家巷 32 号出版。页数：4，13.5×18.5 英寸。发行量：1 000。

《大江南晚报》

1933 年创办，在春晨路出版发行。页数：2，13.75×20 英寸。发行量：300。

《江苏省报》

1930 年创办，在宝盖路出版发行。页数：8，14.5×19.5 英寸。发行量：4 000。

《三山日报》

1922 年创办，在东坞街出版发行。页数：4，14×20 英寸。发行量：1 500。

《新江苏报》

1928 年创办，在伯先路 60 号出版发行。页数：8，14.5×20 英寸。发行量：5 400。

《新省报》

1929 年创办，在民国春街出版发行。页数：4，15×20 英寸。发行量：4 000。

《苏报》

1930 年创办，在中山路 46 号出版发行。页数：8，14×20 英寸。发行量：3 000。

《自强报》

1919 年创办，在西坞街出版发行。页数：4，13.75×19.5 英寸。发行量：1 500。

中文小报

《正报》

1930 年创办，在民国春街 26 号出版发行。页数：4，9.5 × 13.5 英寸。发行量：400。

《平报》

1934 年创办，在眼耳喉巷出版发行。页数：2，14 × 21 英寸。发行量：600。

《市报》

1933 年创办，在泥土坞（音译）出版发行。页数：4，7 × 9.75 英寸。发行量：400。

《扬子江报》

1931 年创办，在万家巷 60 号出版发行。页数：2，14 × 19.25 英寸。发行量：600。

《游艺报》

1934 年创办，在沈周氏巷出版发行。页数：2，9 × 13.75 英寸。发行量：400。

泉州（福建省）

福建南部的贸易港口，通过公路和其他城市相连，人口 100 000。

中文日报

《泉州日报》

1930 年创办，在南大街出版发行。页数：6，14 × 19 英寸。发行量：3500。

重庆（四川省）

位于嘉陵江和长江交汇处的条约口岸。对于来自汉口和上海的轮船来说，重庆是终点港口，四川省重要的转运港。距大海 1 350 英里，人口 974 565。

中文日报

《济川公报》

1931 年创办，在公园路出版发行。页数：8，13.5 × 19.5 英寸。发行量：4500。

《重庆新民日报》

1928 年创办，在第四大街（重庆商业场街 37 号）出版发行。页数：8，9.5 × 14 英寸。发行量：1 000。

《工商日报》

1931 年创办，在小梁街 53 号出版发行。页数：8，15 × 20 英寸。发行量：8 000。

《工商夜报》

1934 年创办，在小梁街 53 号出版发行。页数：4，9 × 14 英寸。发行量：发行人声称 11 000。

《巴蜀日报》

1930 年创办，在柳树街 17 号（一说 72 号）出版发行。页数：16，9 × 13.5 英寸。发行量：2 000。

《商务日报》

1914 年创办，在商会出版发行。页数：12 ~ 14，13.25 × 19.5 英寸。发行量：发行人声称 10 200。

《西南时报》

1932 年创办，在王庙出版发行。页数：8，14 × 19.5 英寸。发行量：2 000。

《新民日报》

1927 年创办，在重庆商业场街 37 号出版发行。页数：8，9.5 × 13 英寸。发行量：1 700。

《新民报》

1920年创办，在重庆商业场街16号出版发行。页数：8，13×20英寸。发行量：1 700。

《新蜀报》

1924年创办，在重庆商业场西山街14号出版发行。页数：8，14×20英寸。发行量：5 500。

《西蜀晚报》

1930年创办，在鸡街出版发行。页数：4，9×13英寸。发行量：3 000。

《四川晨报》

1930年创办，在重庆长安寺街4号出版发行。页数：8，14×19英寸。发行量：4 800。

《四川日报》

1930年创办，在商贸市场，绍凯亭39号出版发行。页数：8，14×19英寸。发行量：2 900。

《四川晚报》

1931年创办，在重庆劝工局街106号出版发行。页数：4，9×13英寸。发行量：1 000。

《市声晚报》

1931年创办，在孔塘出版发行。页数：4，14×10英寸。发行量：1 000。

《大声日报》

1930年创办，在穆罕默德巷出版发行。页数：4，14. ×19英寸。发行量：2 000。

《盐务日报》

1931年创办，在山西街出版发行。页数：4，14×20英寸。发行量：800。

中文半周刊

《工商三日刊》

1934 年创办，在小梁街 53 号出版发行。页数：8，6 ×9 英寸。发行量：8 500。

中文小报

《重庆晚报》

1928 年创办，在重庆米花街酒帮公所出版发行。页数：4，8.25 ×13 英寸。发行量：2 000。

《市声午报》

1931 年创办，在吉寺出版发行。页数：2，14 ×19.5 英寸。发行量：3 214。

大连（辽宁省）

南满铁路的南端，距离沈阳 246 英里，是满洲最重要的海港。日本租界。人口（官方）262 237，包括 94 129 名日本人。

中文日报

《关东报》

1922 年创办，在陈氏街 15 号出版发行。页数：10，14 ×20 英寸。发行量：发行人声称 48 000。

《满洲报》

1923 年创办，在山形路 142 号出版发行。栏数：12，1.75 英寸高，15 英寸宽。页数：8，15 ×20.5 英寸。发行量：7 000。

《泰东日报》

1911 年创办，在思偶亭 85 号出版发行。栏数：6，1.75 英寸高，14.5 英寸宽。页数：4 ~8，14.75 ×20 英寸。发行量：5 000。

英文日报

《满洲每日新闻》

1908 年创办，在谈路町 7 号出版发行。栏数：6，19 英寸高，

13.5 英寸宽。页数：8，14×19 英寸。发行量：3 500。

日文日报

《大连新闻》

每天早上（包括星期日）出版。栏数：13，15 英寸宽，1.5 英寸高。页数：8~16，15×20 英寸。发行量：发行人声称 7 000。

《满洲日本》

1905 年出版发行。栏数：13，15 英寸宽，1.5 英寸高。页数：8 到 12，15×20 英寸。发行量：发行人声称 50 000。

佛山（广东省）

广州的郊县，人口大约 125 000。

中文日报

《南海日报》（《南海民国日报》）

1922 年创办，在佛山福禄里 142 号出版发行。页数：8，14.5×20 英寸。发行量：800。

奉贤（江苏省）

上海—明康公路线上的一个小城镇，人口 20 000。

中文日报

《奉贤民众日报》

1930 年创办，在南大桥出版发行。页数：4，9×13 英寸。发行量：1 000。

奉化（浙江省）

一个内陆城市，有公路和宁波相连。人口：50 000。

中文日报

《奉化报》

1932 年创办，在公立公园出版发行。页数：4，13×18.5 英寸。

发行量：1 500。

福州（福建省）

福建省省会，条约口岸。位于闽江江畔，距离香港 455 英里，人口 1 508 630。

中文日报

《聪报》

1931 年创办，在王巷（音译）出版发行。页数：4，13 ×20 英寸。发行量：700。

《求是报》(《求是日报》)

1926 年创办，在南大寺出版发行。页数：8，13.5 ×19.5 英寸。发行量：1 200。

《华侨商报》

1932 年创办，在汉关县监学里出版发行。页数：4，14 ×20 英寸。发行量：1 500。

《民国日报》

1929 年创办，在公园里出版发行。页数：10，13 ×20 英寸。发行量：3 700。

《闽报晚刊》

1912 年创办，在南丹码头出版发行。页数：8，14.5 ×20 英寸。发行量：3 000。

《时代日报》

1931 年创办，在南门出版发行。页数：6，12.75 ×19 英寸。发行量：2 500。

《新福建日报》

1931 年创办，在东大街 112 号出版发行。页数：4，13 ×20 英寸。发行量：1 600。

中文三日刊

《建瓯民报》

1931 年创办，在建瓯门出版发行。页数：4，8.25 × 12 英寸。发行量：1 000。

中文月刊

《剑声》

1927 年创办，在北建街出版发行。页数：26，6 × 9.5 英寸。发行量：800。

阜宁（江苏省）

江苏省北部的一个城市，有公路和安东相连，人口 511 768。

《阜宁日报》

1934 年创办，在南大街出版发行。页数：4，9 × 13.25 英寸。发行量：1 000。

海口（海南岛）

海南岛主要的海港，位于广东省南端，人口 100 000。

中文日报

《琼崖民国日报》

1912 年创办，在德申路出版发行。页数：8，14 × 19 英寸。发行量：1 500。

海门（江苏省）

长江入海口的一个海港，位于崇明岛对面，人口 300 000。

中文日报

《新海门日报》

1928 年创办，在普善堂出版发行。页数：4，13 × 19 英寸。发行量：1 200。

《江海日报》

1930 年创办，在施阳苑出版发行。页数：4，14.5 × 21 英寸。发行量：2 500。

《台州国民新闻》

1932 年创办，在大街出版发行。页数：4，14.25 × 21.5 英寸。发行量：800。

《台州导报》

1933 年创办，在海门出版发行。页数：4，9.25 × 13 英寸。发行量：300。

《大公日报》

1929 年创办，出版发行。页数：4，14 × 20 英寸。发行量：1 400。

杭州（浙江省）

浙江省的省会，上海—杭州铁路南端。距上海 125 英里，人口1 136 060。

中文日报

《浙江新闻》

1933 年创办，在兴民路出版发行。页数：12 ~ 14，14 × 20.5 英寸。发行量：900。

《浙民日报》

1923 年创办，在宝由峰坊出版发行。页数：12，14 × 20 英寸。发行量：5 200。

《浙江商报》

1921 年创办，在宝由峰 28 号出版发行。页数：10 ~ 12，14 × 20 英寸。发行量：4 000。

《杭州报》

1931 年创办，在浣纱西路 9 号出版发行。页数：8，14 ×20.5 英寸。发行量：1 200。

《杭报》

1932 年创办，在青年路出版发行。页数：8，14 ×20.5 英寸。发行量：1 000。

《国民新闻》

1927 年创办，在青年路 8 号出版发行。页数：12，14.25 ×20 英寸。发行量：5 200。

《东南日报》

1927 年创办，在开源路出版发行。页数：16，15 ×20 英寸。发行量：15 000。

《之江日报》

1913 年创办，在青年路出版发行。页数：10，14.5 ×20 英寸。发行量：3 950。

中文周报

《碧浪》

1931 年创办，在新市场出版发行。页数：4，14 ×19.25 英寸。发行量：500。

《卫生周报》

1930 年创办，在石牌楼出版发行。页数：8，6.25 ×9.25 英寸。发行量：8 000。

《医林新志》

1931 年创办，在东至路 123 号出版发行。页数：20，5.5 ×8 英寸。发行量：6 000。

中文月刊

《广济医刊》

1923 年创办，在缸儿巷 41 号出版发行。页数：140，5 ×7.5 英寸。发行量：2 500。

中文半月刊

《电工》

1930 年创办，在浙江大学出版发行。页数：110，6 × 8 英寸。发行量：1 000。

汉口（湖北省）

汉口是位于汉江和长江交汇处的三个城市（汉口、武昌、汉阳）中最重要的城市。距离大海 600 英里。汉口是北京—汉口铁路的南端。汉阳是中国政府钢铁厂所在地。包括几千名外国人，三个城市总人口 1 617 055，其中汉口 1 157 708，武昌 322 106，汉阳 137 241。

中文日报

《真报》

1932 年创办，在中山路东和里出版发行。页数：4，9.5 × 14 英寸。发行量：1 000。

《震旦民报》

1911 年创办，在民生路 157 号出版发行。页数：10，13.5 × 20 英寸。发行量：5 000。

《正义报》

1918 年创办，在交通路出版发行。页数：8，14.75 × 19.75 英寸。发行量：4 000。

《楚声报》

1932 年创办，在积森路恒运里出版发行。页数：4，9.25 × 14 英寸。发行量：1 000。

《中西报》

1925 年创办，在中山路老保聊里街出版发行。页数：12，13 × 20 英寸。发行量：5 000。

《中国日报》

1932 年创办，在特三区出版发行。页数：8，14 ×19.25 英寸。发行量：1 200。

《大群报》

1932 年创办，在民生路弘一巷出版发行。页数：4，14 ×19 英寸。发行量：1 000。

《大汉》

1931 年创办，在特三区 3 号出版发行。页数：4，8.5 ×13.5 英寸。发行量：1 000。

《大同日报》

1930 年创办，在民生路中市新街 58 号出版发行。页数：8，14 ×19.5 英寸。发行量：4 000。

《汉口正报》

1931 年创办，在伦保里出版发行。页数：4，9.5 ×14 英寸。发行量：1 000。

《汉口导报》

1931 年创办，在清芬二马路武昌里 5 号出版发行。页数：4，9.25 ×13.75 英寸。发行量：1 000。

《汉报》

1934 年创办，在默德尔区汇东路出版发行。页数：4，9.25 ×14 英寸。发行量：1 000。

《汉口社会日报》

1932 年创办，在鸣泉路谢秀庵（音译）出版发行。页数：6，9 ×13 英寸。发行量：1 500。

《公论日报》

1919 年创办，在江汉路后花楼出版发行。页数：10，13.75 ×19 英寸。发行量：2 000。

《工商日报》

1931 年创办，在丰盛里 28 号出版发行。页数：4，13.5×19.25 英寸。发行量：1 500。

《工商白话报》

1920 年创办，在寿东卡巷出版发行。页数：4，9×14 英寸。发行量：3 000。

《新民报》

1925 年创办，在后花楼永兴里 3 号出版发行。页数：12～14，13×20 英寸。发行量：5 000。

《新快报》

1928 年创办，在泰宁街泰宁里 12 号出版发行。页数：4，10.25×14 英寸。发行量：5 000。

《新闻报》

1914 年创办，在特三区品安里 5 号出版发行。页数：20，13×19.5 英寸。发行量：7 000。

《新汉报》

1929 年创办，在默德不区福中里出版发行。页数：4，9×14.25 英寸。发行量：1 500。

《新汉口报》

1931 年创办，在特三区保华街保元里 8 号出版发行。页数：8，14.75×19.75 英寸。发行量：4 000。

《华洋日报》

1931 年创办，在中山路出版发行。页数：4，10×13.25 英寸。发行量：1 400。

《武汉日报》

1927 年创办，在江汉路出版发行。页数：12～16，14×19.25 英寸。发行量：12 000。

《武汉时事白话报》

1927 年创办，在中山路佑安里 5 号出版发行。页数：6，8.75 × 14 英寸。发行量：5 000。

《舆论报》

1932 年创办，在清芬二马路汉墀里第四号出版发行。页数：4，8.75 × 13.25 英寸。发行量：5 000。

《白话报》

1930 年创办，在森陈里出版发行。页数：4，9 × 13.75 英寸。发行量：3 000。

《时代日报》

1931 年创办，在后花楼正街 108 号出版发行。页数：8，13.5 × 19 英寸。发行量：3 000。

《新中华》

1932 年创办，在华商街 90 号出版发行。页数：8，14.25 × 19 英寸。发行量：3 700。

英文日报

《英文楚报》（*The Central China Post*）

英文楚报有限公司出版发行，除了星期日每天早上出版。地址：湖南路和北京路交叉口。栏数：7，22 英寸，13 ems。页数：14 ~ 16，15 × 22 英寸。发行量：1 100。

《自由西报》

1923 年创办，由先驱出版公司（The Herald Publishing Co.）在汉口25 – A Dautremer 出版发行，除了星期一每天早上发行。栏数：7，19 英寸，12 ems。页数：12，14.5 × 19 英寸。发行量：1 500。

中文三日刊

《庄报》

1930 年创办，在中山路清芬二马路雅康里 48 号出版发行。页数：4，8.75×13.75 英寸。发行量：3 000。

《逐报》

1932 年创办，在依陈里出版发行。页数：4，8.75×14 英寸。发行量：3 000。

中文日报

《强风》

1932 年创办，在中山路永光里出版发行。页数：4，9.75×14 英寸。发行量：3 000。

《今日》

1930 年创办，在莫德尔区雄伟路出版发行。页数：4，9×14.25 英寸。发行量：3 000。

《干报》

1931 年创办，在宝华街出版发行。页数：4，8.75×13.75 英寸。发行量：2 000。

《自由西报》——引领华中英文日报

从四川重庆到江西九江，从湖南长沙到河南郑州，在中国人和外国人中均有广泛的发行。"中国芝加哥"最好的广告媒介在汉口法国租界 25－B Dautremer 出版发行，电报电挂：汉口"herald"。

《新民报》

华中地区一份有影响力的日报，有将近 10 000 的发行量。除汉口外，还覆盖武昌和长江流域上游。尽管才创刊 7 年，但影响力突飞猛进地增长。16 个版，可以刊载大量的广告。

《太阳灯》

1932 年创办，在清芬路出版发行。页数：4，9×14 英寸。发行量：1 000。

《和平》

1929 年创办，在佑安里出版发行。页数：4，19.25×13.75 英寸。发行量：3 500。

中文周报

《新妇女》

1931 年创办，在佑安里 3 号出版发行。页数：8，9 × 13.75 英寸。发行量：2 000。

哈尔滨（黑龙江省）

满洲北部最重要的城市，中东铁路南部和主干线的交汇点。距海参崴 495 英里，距北京 874 英里，距莫斯科 5 000 英里。人口 170 000，包括 70 000 名俄罗斯人。

《滨江午报》

1921 年创办，在多瓦依第十七街出版发行。页数：12，9.5 × 13.5 英寸。发行量：5 000。

《大北新报》

1923 年创办，在桃子巷 12 号出版发行。页数：4，15 × 20 英寸。发行量：6 600。

《哈尔滨公报》

1927 年创办，在多里军街 12 号出版发行。栏数：11，1.75 × 14.75 英寸。页数：10，14.75 × 20 英寸。发行量：5 000。

《国际协报》

1921 年创办，在多里新门出版发行。页数：12 ~ 14，14 × 20 英寸。发行量：5 000。

《滨江晨报》

1930 年创办，在多瓦依第七街出版发行。页数：4，9.25 × 18 英寸。发行量：2 000。

黑河（黑龙江省）

位于中俄边境，人口 50 000。

中文日报

《黑河日报》

1923年创办，在北新隆街出版发行。页数：4，13.25×19.75英寸。发行量：3 000。

衡阳（湖南省）

重要的产煤中心，有公路与长沙相连，人口455 925。

中文日报

《衡阳国民日报》

1928年创办，在学前街出版发行。页数：4，13.25×18.25英寸。发行量：1 700。

《通俗报》(《湖南通俗日报》)

1920年创办，在长沙理问街出版发行。页数：4，13.5×20英寸。发行量：2 000。

新宁（湖南省）

湖南南部的一个城市，人口128 925。

中文日报

《新宁民报》

1925年创办，在新宁县党部出版发行。页数：4，9×13.5英寸。发行量：1 000。

合川（四川省）

四川中部的一个城市，有公路和成都相连，人口305 868。

中文日报

《市民日报》

1931年创办，在百华街出版发行。页数：4，8.5×13英寸。发行量：2 000。

合肥（安徽省）

位于安徽北部的产稻中心，人口 615 000。

中文日报

《新民报》

1927 年创办，在苏库巷出版发行。页数：4，9.25 × 12.75 英寸。发行量：1 600。

《民声报》

1928 年创办，在西大街 204 号出版发行。页数：4，8 × 12.75 英寸。发行量：400。

贺县（广西省）

位于广西东部的一个城市，有公路与平乐和梧州相连，人口 150 000。

中文日报

《贺县民众日报》

1933 年创办，在诗词街出版发行。页数：4，9 × 14 英寸。发行量：800。

香港

英国直辖殖民地，包括香港岛和大陆相连的一些领土。人口大约 500 000，包括 15 000 名外国人。

中文日报

《超然报》

1930 年创办，在威灵顿街 10 号出版发行。栏数：4，5 英寸高，15.5 英寸宽。页数：12，15.5 × 20.5 英寸。发行量：3 500。

《中兴报》

1932 年创办，在结志街 6 ~ 8 号出版发行。页数：8，15.5 × 22 英寸。发行量：1 500。

《香江午报》

1934 年创办，在荷李活道 59 号出版发行。页数：4，16 × 22.5 英寸。发行量：1 000。

《工商日报》

1924 年创办，在德辅道中出版发行。页数：16，15 × 21 英寸。发行量：早上发行 10 000，晚上发行 40 000。

《南中报》

1928 年创办，在荷李活道 108 号出版发行。页数：16，15 × 20 英寸。发行量：65 000。

《南中报晚刊》

1927 年创办，在荷李活道 105 号出版发行。页数：8，15 × 21 英寸。发行量：9 000。

《南强日报》

1928 年创办，在荷李活道 106 号出版发行。页数：8，15 × 20 英寸。发行量：60 000。

《南华日报》

1930 年创办，在荷李活道 49 号出版发行。页数：14 ~ 16，16 × 21 英寸。发行量：6 000。

《平民报》

1932 年创办，在香港摆花街出版发行。页数：4，16.5 × 22.5 英寸。发行量：1 400。

《大众日报》

1934 年创办，在结志街 2 号出版发行。页数：8，15.5 × 20.5 英寸。发行量：800。

《东方日报》

1932 年创办，在荷李活道 52 号出版发行。页数：12，15.5 × 21.5 英寸。发行量：1 500。

《大光报》

1917 年创办，在中环善庆街 49 号出版发行。页数：12，15.5 × 22 英寸。发行量：200。

《天光报》

1933 年创办，在德辅路 43 号出版发行。页数：4，15.5 × 21.5 英寸。发行量：1 500。

《循环日报》

1873 年创办，在歌舞街出版发行。栏数：4，5 英寸高，15.5 英寸宽。页数：16，15.5 × 21.25 英寸。发行量：10 000。

《华侨日报》

1925 年创办，在荷李活道 108 ~ 110 号远安巷出版发行。栏数：4，5 英寸高，15. 英寸宽。页数：16 ~ 24，15 × 20 英寸。发行量：55 000。

《华字日报》

1870 年创办，在威灵顿街 5、10 号出版发行，除星期天外每天早上出版。栏数：4，5 英寸高，16 英寸宽。页数：16，16 × 21 英寸。发行量：5 000。

《新中日报》

1932 年创办，在砵甸乍街在香港出版发行。页数：16，13 × 21 英寸。发行量：12 000。

英文日报

《中国邮政》（*The China Mail*）

由报业股份有限公司在温德姆大街 3 – A 号（No. 3 – A Wyndham Street）出版发行，除星期天外每天晚上发行（电报电挂：Mail）。

栏数：7，20 英寸，13.5 ems。页数：12～16，16×20.5 英寸。

《香港日报》

1857 年创办，由香港日报报业有限公司在中环雪厂街 11 号（11 Ice House Street）出版发行，除星期六外每天早上发行。栏数：7，20 英寸，12 ems。页数：12～16；16×20 英寸。发行量：发行人宣称日均发行量 3 000。订阅费：每年 H. $60，免邮费。

《香港电讯》

1881 年创办，由南华早报股份有限公司在温德姆大街 1 号和 3 号出版发行（电报电挂：Telegraph），除星期天外每天晚上发行。栏数：7，20 英寸，13 ems。页数：12～16；16×20 英寸。发行量：由特许会计师证明。

《南华晨报》

南华晨报股份有限公司在温德姆大街 1 号和 3 号出版发行（电报电挂：Postscript），除星期天外每天早上发行。栏数：7，20 英寸，13 ems。页数：20～24，16×20 英寸。发行量：由特许会计师证明。

中文小报

《胡椒报》

1931 年创办，在荷李活道 49 号出版发行。页数：4，9.25×14 英寸。发行量：6 000。

《探海灯》

1933 年创办，在士丹利街 26 号出版发行。页数：9.5×14.5 英寸。发行量：500。

《华星》

1932 年创办，在威灵顿街 50 号出版发行。页数：4，10×14.75 英寸。发行量：700。

中文周报

《东方星期报》

1934 年创办，在荷李活道 52 号出版发行。页数：12，10.25×

16.5 英寸。发行量：800。

英文周报

《批评家》（*The Critic*）

1932 年创办，由获英帝国勋章的陆军少校卡斯尔（A. J. Cassel）在中环雪厂街（Ice House Street）出版，每周六发行。页数：28 ~ 30，7 × 11 英寸。发行量：600 ~ 700。

《香港周报和中国陆路贸易评论》（*Hong Kong Weekly Press and China Overland Trade Review*）

1869 年创办，由香港日报报业有限公司在中环雪厂街出版。栏数：3，11.5 英寸，13 ems。页数：36，8 × 11.5 英寸。发行量：发行人宣称每周平均 500 份。订阅费：每年 H. $ 18.

《香港星期天使者报》（*The Hong Kong Sunday Herald*）

由香港使者出版公司在温德姆大街 3 - A 号出版（电报电挂：Herald），每逢星期天发行。栏数：7，20 英寸，页数：12 ~ 14，16 × 20 英寸。发行量：发行人宣称 5 800。

中文月刊

《香港华商总会月刊》

1934 年创办，由香港华商总会出版发行。页数：162，6 × 8.25 英寸。发行量：2 000。

英文月刊

《岩石》（*The Rock*）

1928 年创刊，页数：34，5 × 7.75 英寸。发行量：发行人宣称月均 1 300 份。

《约翰评论》（*St. John's Review*）

1929 年创刊，在香港圣约翰大教堂出版发行。页数：50，4.5 × 8 英寸。发行量：发行人宣称 300 份。

《工商日报》(*The Industrial & Commercial Daily Press*)

南京中山教育学会评选出的前十名报纸之一。香港政府许可刊载法律布告的报纸。除了16个版的上午版外，还出版一个4页的晚刊，是码头卖得最好的报纸。另一份日报——《天光报》也是由这家公司出版发行。

《南中报》(*Nam Chung Po*)

尽管不是香港最早的晚报，但是它做得最好，发行量超过60 000。刊载真正的新闻，而不是重复晨报。为了超脱于政治，它坚持不偏不倚的原则，再现精准、正直的新闻。它的另一个特征是没有节假日，星期天照常出报。

《南强日报》(*Nan Keung Yat Po*)

1927年出版。是最早的一份全年每天出版的报纸。为了普及大众，每份仅卖1分钱。现在发行量为50 000～60 000。这份报纸的一个主要作用是通过每天开设一个专栏，促进体育运动。

《华侨日报》(*Wah Kiu Yat Po*)

华侨日报深受读者欢迎，目前发行量已超过50 000。《华侨日报》是香港政府承认的可以刊载官方法律广告的日报之一。为了刊载最新的消息，《华侨日报》是第一份坚持在早上5点补充最后新闻的日报。现在其他的报纸也在效仿。

《香港电讯》(*The Hong Kong Telegraph*)

香港最畅销的下午报。在英文日报中发行量排第二。报纸每天刊载图片，星期六刊载照片。优秀的广告媒介。会计师执照许可和价格申请。

《南华晨报》(*South China Morning Post*)

日发行量最大的英文报纸。在整个华南地区和葡萄牙的殖民地澳门发行。是它发行区域内主要的报纸、最好的广告媒介。申请会计师执照认可。

《英文季刊》(*The Caduceus*)

1922年创办，由香港大学社团出版发行。页数：62，7.5×4.5英寸。

《香港博物学家》(*Hong Kong Naturalist*)

1930年创办，由报业有限公司在温德姆大街出版。页数：50~100，4.5×7.5英寸。发行量：发行人宣称600。订阅价格：每季度H.K. $7.00，或者每年12/6港币，免邮费。

兴化（江苏省）

江苏北部城市，人口438 575。

中文日报

《朝报》

1933年创办，在新街口出版发行。页数：4，9.75×14英寸。发行量：300。

兴宁（广东省）

广东东部城市，人口450 000。

中文日报

《兴宁时事日报》

1932年创办，在广东兴宁出版发行。页数：6，14×19英寸。发行量：1 500。

徐州（江苏省）

位于江苏北部，与山东相邻，重要的交通中心，来自四个方向的陇海铁路、津浦铁路在此交汇。人口986 536。

中文日报

《徐州民报》

1927年创办，在大东街出版发行。页数：4，9×13.5英寸。发行量：1 500。

《新徐日报》

1930年创办，在民生西巷5号出版发行。页数：4，14×19英寸。发行量：2 000。

《民声报》

1932年创办，在青城街62号出版发行。页数：4，14×19英寸。发行量：2 000。

宣城（安徽省）

宣城，又名宁国，内陆城市，有公路和芜湖相连。人口350 000。

中文日报

《宣城日报》

1928年创办，在福星街出版发行。页数：4，14×19英寸。发行量：1 000。

《民声报》

1932年创办，在青城街62号出版发行。页数：4，9.75×14英寸。发行量：300。

湖州（浙江省）

太湖附近的产丝中心，位于杭州北50英里。人口1 235 200。

中文日报

《湖州公报》

1919年创办，在李译成路7号出版发行。页数：4，12.5×20

英寸。发行量：2 500。

《湖报》

1929 年创办，在吴兴国云海楼出版发行。页数：4～8，13×18 英寸。发行量：1 800。

徽州（安徽省）

位于安徽南部，有杭州—徽州公路与杭州相连。人口 456 985。

中文日报

《徽州日报》

1933 年创办，在屯溪下街出版发行。页数：4，14×17.25 英寸。发行量：1 500。

黄岩（浙江省）

海门西部的橘子产地，人口 249 994。

中文日报

《澄江报》

1918 年创办，在大泽巷出版发行。页数：4～6，9×13.25 英寸。发行量：1 750。

宜昌（湖北省）

长江上游的河港，是通向四川的重要货运中心。人口 300 000。

中文日报

《宜昌工商日报》

1931 年创办，在商会馆出版发行。页数：4，12.25×16.5 英寸。发行量：1 500。

《宜昌国民日报》

1931 年创办，在平和里 11 号出版发行。页数：4，15×20 英寸。发行量：2 400。

《宜昌快报》

1932 年创办，在合丙里 11 号出版发行。页数：4，14 × 19.25 英寸。发行量：1 800。

如皋（江苏省）

有公路与南通相连，人口 239 650。

中文日报

《镜报》

1933 年创办，在毛家巷出版发行。页数：2，9.75 × 14.25 英寸。发行量：1 750。

开封（河南省）

河南省省会，陇海铁路线上重要的城市。距郑州 40 英里，人口 561 390。

中文日报

《河南民报》

1920 年创办，在开封省政府街 13 号出版发行，周一到周六每天早上发行。栏数：8，2.5 英寸高，14 英寸宽。页数：8，14 × 20 英寸。发行量：发行人宣称 10 200。

《河南民国日报》

1930 年创办，在省党部出版发行。页数：8，14 × 19 英寸。发行量：5 000。

《新河南报》

1931 年创办，在中山路 361 号出版发行。页数：6，9.75 × 14.25 英寸。发行量：5 000。

赣州（江西省）

江西南部的一个贸易中心，人口 499 602。

中文日报

《赣南民国日报》

1933 年创办，在尚书街 23 号出版发行。页数：4，14.25 × 19.5 英寸。发行量：1 200。

高邮（江苏省）

苏北一个重要的城市，人口 521 200。

中文日报

《淮南导报》

1933 年创办，在高邮出版发行。页数：4，9 × 13.25 英寸。发行量：1 000。

《高邮日报》

1927 年创办，在中心市场出版发行。页数：8，8.75 × 12.75 英寸。发行量：1 000。

《新声报》

1928 年创办，在东大街出版发行。页数：4，9.5 × 14 英寸。发行量：1 200。

《高邮民众日报》

1929 年创办，在高邮出版发行。页数：4，8.5 × 13.5 英寸。发行量：500。

开平（广东省）

广东南部的一个城市，有公路与二埠港相连，人口 574 216。

中文日报

《恩开时报》

1934 年创办，在开平长沙镇出版发行。页数：4，13 × 19.25 英寸。发行量：300。

嘉兴（浙江省）

在上海—杭州航线上，上海—杭州航线的中点，人口931 935。

中文日报

《嘉区民国日报》

1931年创办，在公益会出版发行。页数：4，14.5×19英寸。发行量：800。

《嘉兴商报》

1924年创办，在丁家桥出版发行。页数：4，14×19英寸。发行量：3 500。

江阴（江苏省）

长江下游一个军事要地城市，位于上海和南京中间，人口350 000。

中文日报

《江阴商报》

1926年创办，在衙门街出版发行。页数：4，13×18英寸。发行量：1 400。

《大声》

1932年创办，在虹桥西端出版发行。页数：4，12×19.5英寸。发行量：1 500。

《澄清日报》

1931年创办，在区政府前出版发行。页数：4，13×20英寸。发行量：1 000。

金华（浙江省）

浙江南部一个重要的城市，有铁路和杭州相连。人口150 000。

中文日报

《金衢日报》

1920 年创办，在市场街出版发行。页数：2，13.5 × 18.5 英寸。发行量：1 500。

吉林（吉林省）

可通航的松花江畔上一个重要的贸易城市，长春—吉林铁路的终点。人口 550 025。

中文日报

《吉长日报》

1913 年创办，在粮米巷第三码头出版发行。页数：8～10，14.5 × 20 英寸。发行量：2 000。

九江（江西省）

长江上的条约口岸，在鄱阳湖的出口附近，有铁路与南昌相连。距上海 458 英里，人口 238 207。

中文日报

《九江日报》

1927 年创办，在玉良北路 28 号出版发行。页数：8，13 × 19.75 英寸。发行量：5 000。

《九江晨报》

1932 年创办，在莲池路 15 号出版发行。页数：4，9 × 13 英寸。发行量：800。

《民国日报》

1931 年创办，在大钟路 488 号。页数：4，13.5 × 20 英寸。发行量：3 000。

江门（广东省）

海滨城市，距汕头 50 英里。人口 70 000。

中文日报

《江门日报》

1932 年创办，在三邑桥出版发行。页数：4，14 × 19 英寸。发行量：2 000。

《四邑新商报》

1917 年创办，在连平路 112 号出版发行。页数：10，14.25 × 19.5 英寸。发行量：5 000。

归绥（绥远省）

绥远省省会，距北京 416 英里。人口 1 800 000。

中文日报

《绥远日报》

1932 年创办，在星辰西街 53 号出版发行。页数：4，13.5 × 19.5 英寸。发行量：2 000。

《绥远民国日报》

1929 年创办，在文庙街 5 号出版发行。页数：4，14.5 × 20 英寸。发行量：2 500。

昆山（江苏省）

位于上海—南京航线上，距上海 32 英里。人口 240 000。

中文日报

《昆山民报》

1932 年创办，在区党总部出版发行。页数：4，8 × 13 英寸。发行量：600。

贵阳（贵州省）

贵州省省会，人口 381 054。

中文日报

《贵州民国日报》

1930 年创办，在公益巷街 39 号出版发行。页数：6，13 ×20 英寸。发行量：1 000。

《新黔日报》

1929 年创办，在梁涛巷 7 号出版发行。页数：8，13. 5 ×18. 5 英寸。发行量：2 400。

兰溪（浙江省）

位于杭州—江山铁路线上，四省水陆交通商业中心。距杭州 100 公里，人口 139 815。

中文日报

《兰溪民国日报》

1928 年创办，在商会出版发行。页数：2，13 ×18 英寸。发行量：800。

兰州（甘肃省）

甘肃省省会，人口 373 534。

中文日报

《新陇日报》

1928 年创办，在浩福街出版发行。页数：4，10. 5 ×19. 5 英寸。发行量：2 145。

《西北日报》

1931 年创办，在兰州中山西苑出版发行。页数：4，14 ×20 英寸。发行量：800。

醴陵（湖南省）

位于株洲与萍乡之间的中点，瓷产地，人口 857 984。

中文日报

《醴陵民报》

1929 年创办，在文庙出版发行。页数：4，9.25 × 13.25 英寸。发行量：1 500。

丽水（浙江省）

丽水，别名处州，境内有瓯江与温州相连。人口大约 150 000。

中文日报

《处区民国日报》

1931 年创办，在丽水门德泽峰出版发行。页数：4，14 × 20 英寸。发行量：1 000。

柳州（广西省）

广西的大城市之一，位于柳江江畔，有水路与梧州直接相连，号称广东省门户。人口 500 000。

中文日报

《民国日报》

1922 年创办，在中柯树街出版发行。页数：6，12 × 18.5 英寸。发行量：2 000。

洛阳（河南省）

中国备用首都，位于陇海铁路线郑州和兰州之间。人口100 000。

中文日报

《河洛日报》

1932年创办，在塘浦出版发行。页数：4，13.5×18英寸。发行量：2 900。

龙游（浙江省）

有公路与杭州相连，人口160 352。

中文日报

《龙游民报》

1932年创办，在大北门出版发行。页数：4，9.25×13.5英寸。发行量：600。

澳门

葡萄牙在中国的殖民地，距香港35英里，人口878 000。

中文日报

《澳门时报》

1920年创办，在衙前坪街出版发行。页数：10，14.5×20英寸。发行量：3 200。

《民生日报》

1930年创办，在新街24号出版发行。页数：10，13.5×20英寸。发行量：2 200。

《新声日报》

1927年创办，在7新码头出版。页数：8，14×19.5英寸。发行量：2 800。

《平民报》

1922年创办，在新街出版。页数：8，14×18英寸。发行量：3 000。

盛京（沈阳）（辽宁省）

港口城市，满洲的政治首都和最重要的商业中心，中国政府修建的北平—奉天铁路线的北端终点站和南满洲铁路线的重要站点和交汇点。奉天是30英里外抚顺矿的煤矿运输站。人口（官方数据）384 000，包括25 219名朝鲜人、23 330名日本人和1 930名欧洲人。

中文日报

《醒时报》

1910年创办，在小南门出版发行。页数：8，$13\frac{3}{4}\times19\frac{1}{2}$英寸。发行量：3 000。

《盛京时报》

1910年创办，在日本租界出版发行。页数：8～10，$14\frac{3}{4}\times19\frac{1}{2}$英寸。发行量：10 000。

《新民晚报》

1928年创办，在大南门出版发行。页数：8，$8\frac{3}{4}\times13\frac{1}{2}$英寸。发行量：45 200。

《新亚日报》

1927年创办，在大南门西口街出版发行。页数：8，$13\frac{3}{4}\times20$英寸。发行量：4 000。

《东北商工日报》

1929年创办，在商务部（商会馆）出版发行。页数：8，14×20英寸。发行量：4 700。

《东三省民报》

1923年创办，在南门出版发行。页数：8，14×20英寸。发行量：10 000。

中文月刊

《民国医学杂志》

1922 年创办，由满洲医学院出版发行。页数：150，5 ×8 英寸。发行量：2 000。

南昌（江西省）

省会城市，位于扬子江支流赣江之上，铁路连接到距离上海 458 英里的扬子江港口城市九江。人口 739 851。

中文日报

《真实报》

1933 年创办，在南昌出版发行。页数：8，$14\frac{1}{2}\times 20$ 英寸。发行量：5 000。

《工商日报》

1908 年创办，在中山路 203 号出版发行。页数：10，15 ×20 英寸。发行量：3 200。

《民国日报》

1929 年创办，在毛园 26 号出版发行。页数：8，14 ×20 英寸。发行量：5 000。

《商报》

1926 年创办，在中山路 100 号出版发行。页数：8，14 ×20 英寸。发行量：5 000。

《商务日报》

1930 年创办，在瓦屋路 12 号出版发行。页数：4，13 ×20 英寸。发行量：5 800。

《和平日报》

1931 年创办，在万清巷 30 号出版发行。页数：4，14 ×19 英寸。发行量：3 000。

南京（江苏省）

中国政府（即南京国民政府）的所在地，因此从政治意义上讲，南京是中国最重要的城市。扬子江上的通商口岸，扬子江对岸是浦口，天津—浦口铁路线的南端，南京—上海铁路线的终点站。距离上海200多英里，人口621 864。

中文日报

《中国日报》

1932年创办，在明瓦廊55号出版发行。页数：10，$14\times19\frac{1}{2}$英寸。发行量：11 000。

《中央日报》

1928年创办，在中山路新街口北端出版发行。栏目：4，$5\times14\frac{1}{2}$英寸。页数：$14\frac{1}{2}\times20\frac{1}{2}$英寸。发行量：发行人宣称20 000。

《大风日报》

1933年创办，在三条巷泸河里1号出版发行。页数：6，14×19英寸。发行量：1 500。

《华报》

1934年创办，在太平路388号（慧图街慧里7号）出版发行。页数：6，$14\frac{1}{2}\times19\frac{1}{2}$英寸。发行量：800。

《工商报》

1915年创办，在中山路103号（东牌楼17号）出版发行。页数：8，$13\frac{1}{2}\times20$英寸。发行量：3 000。

《南京晚报》

1928年创办，在益仁巷润德里7号出版发行。页数：4，$8\frac{1}{2}\times$

14 英寸。发行量：4 200。

《三民导报》

1929 年创办，在中正路 280 号出版发行。页数：8，$14\frac{1}{2}\times 20$ 英寸。发行量：2 000。

《新京日报》

1930 年创办，在二郎庙出版发行。页数：8，$14\times 19\frac{1}{2}$英寸。发行量：9 000。

《新中华报》

1913 年创办，在贡院西街 77 号出版发行。页数：8，$13\frac{1}{2}\times 20$ 英寸。发行量：4 200。

《新民报》

1931 年创办，在估衣廊 73 号出版发行。页数：8，14×20 英寸。发行量：1 000。

《大道日报》

1934 年创办，在益仁巷润德里 39 号出版发行。页数：6，$13\frac{1}{2}\times 19\frac{1}{2}$英寸。发行量：3 000。

《人民晚报》

1932 年创办，在中正街 25 号出版发行。页数：2，14×19 英寸。发行量：4 000。

中文周刊

《民众周报》

1930 年创办，在大中桥出版发行。页数：20，$6\frac{1}{2}\times 7\frac{3}{4}$英寸。发行量：2 000。

《蒙藏周刊》

1930 年创办，在容陈街 31 号出版发行。页数：80，$5 \times 7\frac{1}{2}$英寸。发行量：500。

中文小报

《青白报》

1929 年创办，在国富路 267 号（平江府南街 3 号）出版发行。页数：4，$10 \times 14\frac{1}{2}$英寸。发行量：1 500。

《救国日报》

1933 年创办，在太平路磨盘街 4 号出版发行。页数：12，$10 \times 14\frac{1}{2}$英寸。发行量：600。

《甯报》

1933 年创办，在中正街 5 号出版发行。页数：4，$10 \times 14\frac{1}{2}$英寸。发行量：800。

《民生报》

1927 年创办，在中正街出版发行。页数：16，9×14 英寸。发行量：出版人宣称 35 700。

《朝报》

1934 年创办，在新街口北端出版发行。页数：12，$9 \times 14\frac{1}{2}$英寸。发行量：500。

《党军日报》

1931 年创办，在黄浦路中央陆军军官学校出版发行。页数：6，$10\frac{1}{2} \times 14\frac{1}{2}$英寸。发行量：2 000。

《远东报》

1933年创办，在平江府街13号出版发行。页数：4，$10\times14\frac{1}{2}$英寸。发行量：800。

中文月刊

《交通杂志》

1932年创办，在大风赋巷55号出版发行。页数：150，$5\frac{1}{2}\times8\frac{1}{2}$英寸。发行量：1 000。

《工商中心》

1932年创办，由工业中心实验室出版发行。页数：30，6×9英寸。发行量：5 200。

《民众教育月刊》

1931年创办，在公园路出版发行。页数：300，$5\times7\frac{1}{2}$英寸。发行量：2 000。

《时事月报》

1928年创办，在鼓楼出版发行。页数：200，$5\frac{1}{4}\times8$英寸。发行量：出版人宣称10 000。

《中国日报》南京明瓦廊

中国首都的主要日报之一。该报提供的公正评论和及时新闻为其赢得了在整个扬子江流域广泛的发行量。该报也刊登一流的广告。特稿版的内容被大众读者所喜爱。报纸一贯欢迎来自国内外朋友的评论。

《统计月报》

1932年创办，由统计理事会出版发行。页数：110，6×9英寸。发行量：2 000。

英中季刊

《中国护理杂志》(*The Nursing Journal of China*)

1912 年创办，由中国护士协会出版发行。页数：64，4 × 7 英寸。发行量：1 500。

南平（福建省）

闽江上游的内地城市区，人口 60 000。

《民生报》

1931 年创办，在章斯岭出版发行。页数：4，$8\frac{1}{2} \times 13$ 英寸。发行量：3 000。

南通州（江苏省）

扬子江上的工业城市，距离上海 100 英里，辖区人口 1 358 461，大约为城区居民的十分之一。

中文日报

《通报》

1934 年创办，在邵家巷 2 号出版发行。页数：4，$10 \times 13\frac{1}{2}$ 英寸。发行量：1 200。

《新江北日报》

1930 年创办，在东家嘉桥出版发行。页数：4，$12\frac{1}{2} \times 19\frac{1}{2}$ 英寸。发行量：1 880。

《南通报》

1925 年创办，在博物馆路出版，隔日发行。页数：4，$9\frac{1}{4} \times 13\frac{3}{4}$ 英寸。发行量：2 000。

《新南通日报》

1928 年创办，在南通区党部出版发行。页数：4，14 × 20 英寸。发行量：2 500。

《五山日报》

1932 年创办，在重阳路 31 号出版发行。页数：4，$12\frac{1}{2} \times 7\frac{1}{4}$ 英寸。发行量：2 000。

《南通民报》

1917 年创办，在南门西头出版发行。页数：4，$9 \times 13\frac{1}{2}$ 英寸。发行量：1 000。

《大江北商报》

1933 年创办，在模范路出版发行。页数：4，9 × 13 英寸。发行量：1 400。

宁海（浙江省）

浙江省东部内地城市，人口 110 746。

中文日报

《台州民报》

1933 年创办，在区党部出版发行。页数：2，14 × 19 英寸。发行量：320。

宁波（浙江省）

宁波乃距离甬江海岸 15 英里的通商口岸，距离上海南 150 英里，人口 250 000。

中文日报

《民国日报》

1927 年创办，在江北岸阳山街出版发行。页数：10，14 × 20 英寸。发行量：3 100。

《宁波商报》

1933 年创办，在县东街出版发行。页数：10，14 × 19.5 英寸。发行量：1 500。

《商情日报》

1933 年创办，在淮方里出版发行。页数：2，9.5 × 10.5 英寸。发行量：500。

《市情日刊》

1926 年创办，在阴嘉巷出版发行。页数：2，9.5 × 10.5 英寸。发行量：1 000。

《时事公报》

1920 年创办，在北海滩中心大道 16 号出版发行。页数：12，14.5 × 20 英寸。发行量：4 600。

南宁（广西省）

广西省省会，有公路与梧州相连，人口大约 300 000。

中文日报

《民国日报》[①]

1928 年创办，在柳树街 1 号出版发行。页数：4 ~ 6，13 × 14 英寸。发行量：3 000。

《民声》

1931 年创办，在章斯岭出版发行。页数：4，8.5 × 13 英寸。发行量：2 600。

---

① 根据赖光临：《七十年中国报业史》，中央日报编印，1982 年，第 312 页。南京《民国日报》创刊于民国十三年十月，负责人为潘宜之，地址在广西南宁共和路 67 号。——译注

包头（绥远省）

位于绥远—包头铁路线终点的商业中心，有公路与甘肃兰州相连。

中文日报

《包头日报》

1931 年创办，在瓦丘口出版发行。页数：4，8.75×13.5 英寸。发行量：1 100。

北平（河北省）

有 300 多年国家首都的历史，随着南京国民政府的建立，北平的政治重要性逐渐丧失，尽管外国使馆还在这儿。北平是北平—汉口铁路的北端，北平—沈阳铁路的南端，是去张家口或更远地方的北平—绥远航线的东端。随着南京国民政府的建立，这个城市的名字由北京改为了北平。人口 1 220 832。

中文日报

《全民报》

1928 年创办，在宣外大街 193 号出版发行。页数：10，14×20 英寸。发行量：发行人宣称 10 000。

《京报》

1928 年创办，在宣外魏染胡同 35 号出版发行。页数：10，14×20 英寸。发行量：7 000。

《日知报》

1911 年创办，在北平下斜街 38 号出版发行。页数：4，13.5×20 英寸。发行量：3 000。

《民国日报》

1928 年创办，在彰仪门大街 71 号出版发行。页数：8，14×20

英寸。发行量：8 000。

《北方日报》

1904 年创办，在宣外西河沿 50 号出版发行。页数：4，14.5 × 20 英寸。发行量：3 400。

《北平新报》

1931 年创办，在绒线胡同 177 号出版发行。页数：4，14 × 19.5 英寸。发行量：1 500。

《北平晚报》

1923 年创办，在和平门内绒线胡同中间 179 号出版发行。页数：4，8.5 × 13.75 英寸。发行量：6 000。

《北平晨报》

1930 年创办，在宣外大街 181 号出版发行。页数：12，14 × 20 英寸。发行量：发行人宣称 37 500。

《北京日报》

1904 年创办，在宣外大街 200 号出版发行。页数：8 ~ 12，14 × 19.5 英寸。发行量：8 000。

《平报》

1920 年创办，在宣外西南园 18 号出版发行。页数：4，8.75 × 14 英寸。发行量：发行人宣称 10 000。

《商报》（《七平商报》）

1928 年创办，在宣外大街路东 199 号出版发行。页数：4，13.5 × 20 英寸。发行量：8 000。

《商业日报》

1934 年创办，在宣外校场口 64 号出版发行。页数：4，14 × 20.5 英寸。发行量：5 000。

《世界日报》

1933 年创办，在石附马大街甲 90 号出版发行。页数：10 ~ 12，

13.5×20英寸。发行量：发行人宣称18 000。

《导报》

1928年创办，在梁家园甲1号出版发行。页数：8，14×20英寸。发行量：6 700。

《铁道时报》

1921年创办，在和平门外新华街南头路西出版发行。页数：4，14×20英寸。

《华北日报》

1928年创办，在王府井大街117号出版发行。页数：14~18，14×20英寸。发行量：17 000。

《益世报》

1915年创办，在和平门外南新华街出版发行。页数：12~14，14.5×20英寸。发行量：发行人宣称10 000。

中文小报

《群强报》

1921年创办，在宣外樱桃斜中间路北出版发行。页数：4~6，5.75×8.5英寸。发行量：发行人宣称27 000。

《矿业新闻》（《矿业新闻社增刊日报》）

1931年创办，在广宁伯街4号出版发行。页数：4，9×13英寸。发行量：2 000。

《实报》

1928年创办，在宣外56号出版发行。页数：4，8.5×14英寸。发行量：发行人宣称28 000。

英文日报

《北平年鉴》（*The Peiping Chronicle*）

除了星期天外每天出版，在梅家胡同出版发行。栏数：7，20英寸，页数：8~14，14.5×20英寸。发行量：1 500。

《燕京杂志》(*The Yenching Gazette*)

燕京大学新闻系出版发行。栏数：7，19.75 英寸，页数：6～8，14×20 英寸。中文附录。

中文月刊

《唯生医学》

1932 年创办，由北京大学医学院出版发行。页数：40，4.75×7.5 英寸。发行量：500。

英文月刊

《华人医疗》(*The Chinese Medical Journal*)

1914 年创办，由中国医疗专业官方机构——华人医疗协会出版发行。页数：100，4.5×8 英寸。发行量：3 000。

英文季刊

《生理学》(*Chinese Journal of Physiology*)

中国生理学学会出版发行。页数：400，7.5×10 英寸。发行量：400。

《北平晨报》

1920 年创办，在华北有广泛的读者群。其很有影响力的社论常常被外国日报翻译成英文转载。它会针对各种各样的主题不时地发行增刊。以中国画和艺术品为特色的星期六画报有很高的美誉度。

蚌埠（安徽省）

在天津—浦口铁路沿线，大运河河畔，人口 50 000。

中文日报

《大淮报》

1932 年创办，在中前街出版发行。页数：4，13.5×20 英寸。发行量：2 000。

《新蚌埠日报》

1928 年创办，在赵公里出版发行。页数：4，9×13.25 英寸。

发行量：1 250。

《皖北时报》

1923 年创办，在第二大街出版发行。页数：4，14 × 20 英寸。发行量：1 832。

《皖北时报》

1931 年创办，在第二大街出版发行。页数：4，13.25 × 20 英寸。发行量：2 400。

平湖（浙江省）

上海南 40 英里处一个重要的集市，人口 258 030。

中文日报

《平湖商报》

1928 年创办，在诸暨郎中街出版发行。页数：4，13 × 18 英寸。发行量：500。

上海（江苏省）

中国第一港口、大都市，制造业、金融业、商业全国领先。大上海由三个自治区域构成，包括国际住宅区、法国租界和上海市。国际住宅区人口 1 007 868，法租界 496 536，上海市区 1 887 248，总数是 3 391 652，人口居世界第 50 位。

不管是中国人还是外国人，上海人口具有显著的国际性。居住其中的 58 688 名外国人至少来自 47 个国家，而中国人来自全国各个省。

下面是在上海的外国人的主要情况：

日本人	18 804
英国人	10 747
俄国人	9 532

美国人	3 667
葡萄牙人	1 748
印度人	1 842
法国人	1 565
德国人	1 450
安南人	941
丹麦人	334
菲律宾人	387
意大利人	326
波兰人	343

其余的 2 500 名外国人来自另外的 20 多个国家。

位于长江入海口附近的黄浦江畔，是所有横越太平洋和从欧洲到远东的轮船的沿途停靠港。轮船统计数字显示，从船只进出港吨位看，上海市是世界上三大港口之一。

中文日报

《中华日报》

1932 年创办，在山东路 320D 号出版发行。页数：8，14.5 × 20.5 英寸。发行量：10 000。

《大晚报》

1932 年创办，在四川路 36 号出版发行，除了星期天和假日外每天晚上发行。栏数：12，1.75 英寸高，15 英寸宽。页数：4 ~ 12，15 × 21 英寸。发行量：发行人宣称 60 000。

《民报》

1932 年由国民党创办，在山东路出版发行。栏数：12，1.75 英寸高，14.25 英寸宽。页数：12，14.25 × 20.5 英寸。发行量：发行人宣称 10 000。

《时报》

1904 年创办，由时报公司出版发行。每天早上、晚上出版，包括星期天。星期三和星期天还有图片副刊。栏数：12，1.75 英寸高，14.25 英寸宽。页数：8，14.25 ×20.5 英寸。发行量：发行人宣称 80 000。

《时事新报》

1908 年在山东路创办。每天早上出版发行。栏数：12，1.75 英寸高，15 英寸宽。页数：16，15 ×20.5 英寸。发行量：发行人宣称 100 000。

《申报》

1872 年在汉口路创刊。每天早上出版发行，包括星期天。星期一和星期三出版画报副刊。栏数：8，2.5 英寸高，15 英寸宽。页数：24 ~40，15 ×20.5 英寸。发行量：发行人宣称 150 000。

《新闻报》

1893 年在汉口路 274 创刊。每天早上、晚上出版发行。栏数：8，2.5 英寸高，16 英寸宽。页数：24 ~40，16 ×20 英寸。发行量：发行人宣称上午版发行量为 150 000。

《新夜报》

1932 年创刊，由上海晨报在山东路 205 号出版发行。栏数：12，1.75 英寸高，15 英寸宽。页数：2，15 ×20.75 英寸。发行量：发行人宣称 30 000。

《大美晚报》

由美国联邦邮递公司（the Post-Mercury Co. , Federal Inc. American）每天晚上出版发行，包括星期天。栏数：6，10 英寸，页数：16，10 ×15 英寸。

《晨报》

1931 年创刊，在山东路 205 号出版发行。栏数：6，3.25 英寸高，14.5英寸宽。页数：10~12，14.5×19.5英寸。发行量：发行人宣称50 000。

《市民报》

1932年创刊，在上海太平坊出版发行，每天早上包括星期天出版。页数：6，14.375×22.5英寸。发行量：30 000。

英文报刊

《大陆报》(*The China Press*)

1911年创刊，由上海晨报在山东路205号出版发行。栏数：8，21英寸。页数：16~42，16×21英寸。发行量：经审计，日均发行4 582，星期日发行6 385。订阅费：上海，每年M $24.00；中国、日本，每年M $30.00；欧洲和美国，M $86.4。

《字林西报》(*North-China Daily News*)

1850年创刊，由北华捷报有限公司（英国）在上海外滩17号字林西报大楼出版发行，每天早上包括星期日出版。栏数：8，22.5英寸，页数：10~12，14.5×19.5英寸。发行量：发行人宣称50 000。

《大美晚报》(*The Shanghai Evening Post and Mercury*)

由美国联邦邮递公司在爱多亚路21号出版发行（邮政信箱：1504），除星期天外每天晚上发行。栏数：8，21英寸。页数：14~24，16×21英寸。发行量：经审计，1933年日均发行7 250。订阅费：当地，每年M $15.00；中国，每年M $20.00；国外，M $75。

《泰晤士报》(*The Shanghai Times*)

由E. A. Nottingham（英国）在爱多亚路160号出版发行（邮政信箱：797），除星期天外每天上午发行。栏数：8，21英寸，页数：16~24，16×24英寸。发行量：经审计，日均发行5 000，星期日发行8 000。

法文日报

《法文上海日报》(*Le Journal De Shanghai*)

每天上午包括星期天在公馆马路（原法国领馆路）出版发行。

栏数：8，21.25 英寸高，页数：12～16，17×21.25 英寸。发行量：发行人宣称 2 000。

日文日报

《上海每日新闻社》（*Shanghai Mainichi Shimbun*）

1918 年创刊，每天，包括星期日上午、下午，在汤恩路（今哈尔滨路）出版发行。栏数：13，1.5 英寸高，15.5 英寸宽。页数：12～16，15.25×20.5 英寸。

《上海日日新闻社》（*Shanghai Nichi Nichi Shimbun*）

1912 年创刊，在萨坡路出版发行。每天，包括星期日，上午发行。栏数：13，1.5 英寸高，14.75 英寸宽。页数：12～16，14.75×20 英寸。

《上海日报社》（*Shanghai Ningpo Sha*）

1904 年创刊，每天，包括星期日早上、晚上，在自保罗路（今新乡路）出版发行。栏数：13，1.5 英寸高，15. 英寸宽。页数：12～16，15×20 英寸。

俄文日报

《上海日报/扎利亚》（*The Shanghai Zaria*）

每天，包括星期日，上午在霞飞路（今淮海中路）出版发行。栏数：7，20 英寸，页数：8～16，14.5×20 英寸。

《上海言论报》（*The Slovo*）

1929 年创刊，每天，包括星期日，上午在亚尔培路（今陕西南路）出版发行。栏数：7，20.75 英寸高，页数：8～20，14.5×20.75 英寸。

德文日报

《德文上海日报》（*Deutsche Shanghai Zeitung*）

1932 年创刊，除星期一外每天上午由 Max H. H. F. Simon-Eberhard 上尉在礼查旅馆出版发行。栏数：4，20×3 英寸。页数：8～

10，20×12.5 英寸。发行量：1 000。

中文小报

《晶报》

1919 年创刊，在山东路 161～162 出版发行。页数：4，9×13.75 英寸。发行量：30 000。

《中国日报》

1932 年创刊，在宁波路慈安里出版发行。页数：2，13×20 英寸。发行量：5 000。

《电声日报》

1932 年创刊，在南京路 56 号出版发行。页数：4，10.5×9.75 英寸。发行量：8 000。

《电影日报》

1932 年创刊，在吕班路波普街出版发行。页数：4，9.5×10 英寸。发行量：6 000。

《开麦拉》

1932 年创刊，在天津路谢安里出版发行。页数：4，9.5×10 英寸。发行量：5 000。

《每日新闻》

1934 年创刊，在西门蓬莱市场博览书局出版发行。页数：2，14.5×20.5 英寸。发行量：11 000。

《明星日报》

1933 年创刊，在汕头路 82 号出版发行。页数：2，15.5×21.5 英寸。发行量：6 000。

《新罗宾汉》

1931 年创刊，在福建路 654 号出版发行。页数：4，10×13.75 英寸。发行量：1 000。

《世界晨报》

1932 年创刊，在梅白克路太平街 221 号出版发行。页数：2，14 × 20 英寸。发行量：5 000。

《上海市报》

1934 年创刊，在爱多亚路 656 号出版发行。页数：4，9 × 14 英寸。发行量：8 000。

《大都会日报》

1933 年创刊，在天津路慈安里出版发行。页数：4，9 × 14 英寸。发行量：4 800。

《铁报》

1928 年创刊，在宁波路 659 号出版发行。页数：4，8.5 × 14 英寸。发行量：发行人宣称 10 000。

《现代日报》

1932 年创刊，在芝罘路 39 号出版发行。页数：2，14 × 20 英寸。发行量：800。

《时代日报》

1932 年创刊，在梅白克路太平街路 221 号出版发行。页数：4，9 × 13.5 英寸。发行量：15 000。

《电影生活》

1932 年创刊，在西门望澜市场出版发行。页数：4，9.5 × 10.5 英寸。发行量：3 000。

《福尔摩斯》

1924 年创刊，在广西路慈安里出版发行。页数：4，14 × 20 英寸。发行量：发行人宣称 32 000。

《上海商报》

1932 年创刊，在厦门路 39 号出版发行。页数：4，14.5 × 19.5 英寸。发行量：1 000。

《市民日报》

1932 年创刊，在西藏路 587 弄 4 号出版发行。页数：6，14 × 18.5 英寸。发行量：3 000。

《新上海》

1934 年创刊，在天津路谢安里 108 号出版发行。页数：2，15.5 ×21 英寸。发行量：发行人宣称 12 000。

《大公日报》

1932 年创刊，在永波路永平庵出版发行。页数：2，13 ×20 英寸。发行量：5 000。

《东方日报》

1932 年创刊，在广西路 445 号出版发行。页数：2，15.5 ×21.5 英寸。发行量：12 000。

《上海报》

1930 年创刊，在九江路 296 弄 4 号出版发行。页数：4，9 × 13.5 英寸。发行量：3 000。

《小日报》

1919 年创刊，在戈登路元吉里 4 号出版发行。页数：4，8.5 × 13.5 英寸。发行量：2 000。

《和平日报》

1931 年创刊，在蒲柏路赓余里 6 号出版发行。页数：2，14 ×20 英寸。发行量：1 000。

《社会日报》

1932 年创刊，在宁波路广西路口出版发行。页数：2，20.5 ×14 英寸。发行量：15 000。

中文三日刊

《金刚钻》

1921 年创刊，在天津路慈安里 5 号出版发行。页数：4，9 ×13

英寸。发行量：1 000。

《大众新闻》

1931 年创刊，在东星桥紫金峰路 5 号出版发行。页数：4，9 × 13. 75 英寸。发行量：500。

《大报》

1927 年创刊，在云南路亚人里出版发行。页数：4，9 × 13. 75 英寸。发行量：4 000。

《和平》

1934 年创刊，在福州路大河坊出版发行。页数：4，9 × 14 英寸。发行量：2 000。

《梨园公报》

1928 年创刊，在九磨殿出版发行。页数：4，8. 75 × 14 英寸。发行量：500。

《报报》

1927 年创刊，在福州路 512 号出版发行。页数：4，9. 5 × 15 英寸。发行量：1 000。

《罗宾汉》

1926 年创刊，在闸北新疆路德兴里 5 号出版发行。页数：4，9 × 13. 5 英寸。发行量：1 000。

《社会新闻》

1932 年创刊，在派克路 82 号出版发行。页数：8，6 × 9 英寸。发行量：发行人宣称 35 000。

《新春秋》

1932 年创刊，在北火车站界路均益里 22 号出版发行。页数：4，9 × 13. 5 英寸。发行量：500。

《沪报》

1932 年创刊，在北山西路德安里 25 号出版发行。页数：2，

14. 5 ×19 英寸。发行量：3 800。

中文周报

《银行周报》

1917 年创刊，在香港路 59 号出版发行。页数：80，5. 5 ×8 英寸。发行量：3 500。

《十日谈》

1934 年创刊，由第一出版社在平凉路平凉村出版发行。页数：40，6 ×8 英寸。发行量：7 000。

《家庭周刊》

1932 年创刊，在博物馆路 18A 号出版发行。页数：40，6. 5 ×8 英寸。发行量：2 000。

《中华周报》

1931 年创刊，在博物馆路 19 号出版发行。页数：30，6 ×9 英寸。发行量：5 000。

《电声电影周刊》

1931 年创刊，在南京路 54 号出版发行。页数：20，7. 5 ×10. 5 英寸。发行量：发行人宣称 65 000。

《电影周报》

1932 年创刊，在霞飞路明德里 22 号出版发行。页数：4，8. 75 ×13 英寸。发行量：1 000。

《互助》

1934 年创刊，在福州路世界出版社出版发行。页数：20，5. 75 ×8. 75 英寸。发行量：发行人宣称 15 000。

《小雅周报》

1934 年创刊，在龙华路上海庄园 3 号出版发行。页数：24，7. 5 ×10. 25 英寸。发行量：7 500。

《人言周刊》

1934 年创刊，在平凉路平凉村 26 号出版发行。页数：24，

7.25×10.25英寸。发行量：发行人宣称30 000～40 000。

《英语周刊》

商报有限公司出版发行（电报电挂：Compress）。页数：平均32，7.5×10.5英寸。发行量：发行人宣称38 000～40 000。

《飞报》

1929年创刊，在四川路227号出版发行。页数：16，5.75×8.5英寸。发行量：500。

《华年周刊》

1932年创刊，在博物馆路131号出版发行。页数：20～24，7.25×10.25英寸。发行量：10 000。

《工商新闻》

1923年创刊，在山东路1A号出版发行。页数：4，14.25×20英寸。发行量：1 000。

《光芒》

1934年创刊，在福州路平安里出版发行。页数：20，6×9英寸。发行量：发行人宣称50 000。

《工程周刊》

1933年创刊，在南京路商业大厦542房间出版发行。页数：16，6×9英寸。发行量：3 000。

《礼拜六》

1923年创刊，在山东路143号出版发行，每周六发行。页数：24，6×9英寸。发行量：发行人宣称59 320。

《联华画报》

1933年创刊，在香港路72A号出版发行。页数：4，7×10英寸。发行量：10 000。

《通问报》

1902年创刊，在圆明园路19号出版发行。页数：6，5.25×9

英寸。发行量：1 500。

《玲珑》

1931 年创刊，在南京路 56 号出版发行。页数：64，3. 75 × 5. 125 英寸。发行量：28 500。

《上海青年》

1900 年创刊，由上海中华基督教青年会出版发行。页数：40，5. 25 ×8. 25 英寸。发行量：5 000。

《摄影画报》

1925 年创刊，在南京路 56 号出版发行，周六出版。页数：30，5. 25 ×7. 25 英寸。发行量：发行人宣称 20 000。

《新同学》

1932 年创刊，在爱多亚路 9 号出版发行。页数：8，4. 5 ×6 英寸。发行量：500。

《星期评论》

1932 年创刊，在辣斐德路（今复兴中路）416B 号出版发行。页数：8，5. 5 ×8 英寸。发行量：1 000。

《新生周报》

1934 年创刊，在霞飞路思明里 24 号出版发行。发行量：发行人宣称 60 000。

《女声》

1932 年创刊，由基督女青年会在圆明园路 19 号出版发行。页数：16，5. 5 ×8 英寸。发行量：2 000。

《体育报》

1932 年创刊，在九江路 32 号出版发行。页数：4，11 ×13. 5 英寸。发行量：1 000。

《体育评论》

1932 年创刊，在马龙路精华里 40 号出版发行。页数：4，9 ×14

英寸。发行量：2 000。

《人民周报》

1931 年创刊，在金神父路 564 号出版发行。页数：34，5.5 × 8 英寸。发行量：1 000。

《社会与教育》

1929 年创刊，在环龙路出版发行。页数：14，5.75 × 7.75 英寸。发行量：1 000。

《循环周刊》

1931 年创刊，在派克路 9 号出版发行。页数：40，7 × 10 英寸。发行量：5 000。

英文周报

《资本和贸易》（*Capital and Trade*）

1924 年创刊，在仁记路 25 号出版发行，每周五出版。栏数：4，10.75 英寸，页数：14，7 × 10.75 英寸。发行量：发行人宣称 4 000。

《中国评论家》（*China Critic*）

1928 年创刊，由中国评论家出版公司在北京路 50 号出版发行，每周一期。栏数：2，9 英寸。页数：28，7.5 × 10 英寸。发行量：发行人宣称 7 700。订阅费：国内 M $7.00，国外，G. $5。

《中国服务》（*China Dienst*）

在圆明园路 209 号出版发行的德文周刊（邮政信箱：2106）。页数：45，7 × 10.5 英寸。

《中国评论周刊》（*The China Weekly Review*）

1917 年创刊，由美国米拉德出版公司［Millard Publishing Co., Inc.（America）］编辑和出版商 J. B. 鲍威尔（J. B. Powell）在上海爱多亚 38 号出版发行（电报电挂：reviewing），中国新闻和评论。栏数：2，10.25 英寸。页数：44 ~ 50，7 × 10.5 英寸。发行量：发

行人宣称4 500。

《中国文摘》(*The China Digest*)

1925年创刊，由卡罗尔·朗特（Carrol Lunt）在汇司林花园200号出版发行，每周六发行。栏数：2，10英寸。页数：32，6.875×10英寸。订阅费：美国每年S $15.50，中国每年M. $10.00。

《中国经济周刊》(*Chinese Economic Bulletin*)

由外贸局和工业部在海关大厦出版发行的周刊。页数：20到36，5×7.5英寸。发行量：1 500。订阅费：每年$10，国外$5.00。

《中华民族》(*The Chinese Nation*)

1930年创刊，由中华出版公司在上海九江路1－c出版发行，星期三发行。栏数：3，10英寸。页数：48～60，7×10.25英寸。发行量：发行人宣称3 500。

《民国周刊》(*The Chinese Republic*)

1932年创刊，在九江路14号出版发行，每周六发行。页数：24～30，9×12英寸。发行量：3 000。

《东方》(*East*)

1934年创刊，在爱多亚路17号出版发行，周一发行。页数：32，6.25×9.25。

《财贸》(*Finance and Commerce*)

路透社财贸部在上海出版发行的周刊，邮政信箱290。栏数：3，8.75英寸。页数：30，8.75×13.25英寸。发行量：发行人宣称1 000。

《字林西报》(*North China Herald*)

1850年创刊，由北华捷报有限公司（英国）在上海外滩17号字林西报大楼出版发行，是《字林西报》的周刊。栏数：5，16.5英寸。页数：36～44，10.75×16.75英寸。发行量：1931年，每周平均发行2 000。订阅费：$28，国外邮费另计。

《播音周报》(*Shanghai Calling*)

1931 年创刊，中国广播公司在百老汇路 269 号出版发行的周刊。栏数：2，3.25 英寸宽。页数：16 ~ 28，7 × 9 英寸。发行量：发行人宣称 850 ~ 1 500。

《上海电影导报》(*The Shanghai Cinema Guide*)

联合报业公司在上海南京路 54 ~ 56 号出版发行的周刊。页数：24，6.5 × 8.75 英寸

《上海观众》(*The Shanghai Spectator*)

1931 年创刊，由 A. W. 白尔蒙特（A. W. Beaumont）在博物馆路 3 号出版发行，星期三发行。栏数：2，9.25 英寸。页数：48 ~ 60，6 × 9.25 英寸。

《星期天泰晤士报》(*The Shanghai Sunday Times*)

由英国人 E. A. 诺丁汉（E. A. Nottingham）在爱多亚路 160 号出版发行（邮政信箱：797），星期日上午发行。绘画副刊。栏数：8，21 英寸，页数：34 ~ 48，16 × 21 英寸。认证发行量：1933 年，7 390。

《上海妇女》(*Shanghai Woman*)

每周六在上海外滩 26 号出版发行（邮政信箱：1512）。页数：10，7.5 × 9 英寸。发行量：12 000。

《航运和航运技术》(*The Shipping Review and Shipping and Engineering*)

1909 年创刊，由（中国）罗伊德氏出版公司在上海出版发行（邮政信箱：971）。栏数：3，10 英寸，页数：40，8 × 10 英寸。发行量：发行人宣称 1 600。订阅费：美国当地每年 M $10.00，英国等 M. $17.5，香港 M. $13.00。

《运动时报》(*The Sporting Times*)

1929 年创刊，星期三在博物馆路 21 号出版发行的周刊。页数：

7×9 英寸。发行量：发行人宣称5 500。

《瓦拉报》(*Walla Walla*)

由美国海军陆战队远征军第四支队在50 Haiphong Road出版，周六发行。栏数：2，9英寸，18 $\frac{1}{2}$ ems和3，12 ems。页数：32～76，6.25×9英寸。发行量：经证明超过2 300。

中文半月刊

《千秋半月刊》

1933年创刊，在卡特路153弄4号出版发行。页数：32，7.5×10.5英寸。发行量：发行人宣称10 000。

《儿童世界》

1923年创刊，由商报出版发行。页数：100～120，5×7.5英寸。发行量：发行人宣称36 000。

《东方杂志》

商报股份有限公司出版发行。页数：平均130，6×8.5英寸。发行量：发行人宣称45 000。

《新中华》

1933年创刊，中华书局在上海出版发行。页数：100，6×9英寸。发行量：发行人宣称30 000。

《工商半月刊》

1929年创刊，外贸局在海关大楼出版发行。页数：120，5×7.5英寸。发行量：1 500。

《良友》

1925年创刊，良友印刷出版有限公司在四川北路851号出版发行。页数：大约40，8.5×11英寸。发行量：核定发行量40 000。

《论语半月刊》

1932年创刊，在汉口路455号出版发行。页数：100，5.5×8英寸。

《国防论坛》

1934年创刊，在环龙路80号出版发行。页数：24，7.5×11英寸。发行量：4 500。

《现代儿童》

1932年创刊，由现代书店在福州路出版发行。页数：64，4×6英寸。发行量：6 000。

《时代》

1930年创刊，由九江路中心连拱廊10号出版发行。页数：30，8.5×11英寸。发行量：2 500。

《大上海半月刊》

1934年创刊，在宝山路23号出版发行。页数：44，7×10英寸。发行量：8 000。

《女声半月刊》

1932年创刊，在圆明园路169号出版发行。页数：22，7×9英寸。发行量：1 000。

《无线电杂志》

由中国无线电协会在爱多亚大街J. 1395A号出版发行。页数：134，6.5×10英寸。发行量：3 000。

《诊疗医报》

1928年创刊，在霞飞路106号出版发行。页数：100，5.5×7.5英寸。发行量：2 000。

《勤奋体育月报》

1933年创刊，在劳神父路（民国十六年以天文台台长名字劳勋命名）392号出版发行。页数：100～120，7.5×10.5英寸。发行量：1 500。

《儿童教育》

1934年创刊，由商会出版发行。页数：100～200，7.5×10.5

英寸。发行量：发行人宣称 15 000 ~ 20 000。

《青春电影画报月刊》

1934 年创刊，青青画报协会在北京路 250 号和普利路出版发行。页数：44，7 × 7 英寸。发行量：5 500。

《中华》

1931 年创刊，在上海四川路 B25N 出版发行。页数：30，8.5 × 11 英寸。发行量：20 000。

《中国建设》

1928 年创刊，在亚尔培路 335 号出版发行。页数：100，5 × 8 英寸。发行量：3 000。

《中国红十字会月刊》

1931 年创刊，由上海红十字会在九江路出版发行。页数：50，5 × 8 英寸。发行量：1 000。

《中学生》

1930 年创刊，开明书店在福州路 278 号出版发行。页数：200，4.5 × 6.5 英寸。发行量：发行人宣称 50 000。

《崇善月刊》

1927 年创刊，崇善协会在南桃路出版发行。页数：50，4 × 6 英寸。发行量：1 000。

《大陆》

1932 年创刊，在河南路 175 号出版发行。页数：200，6 × 8 英寸。发行量：2 000。

《道路月刊》

1921 年创刊，由中华全国道路协会在劳神父路 608 号出版发行。页数：100，7 × 10 英寸。发行量：15 000。

《电影》

1930 年创刊，由文化艺术品印刷馆在河南路 526 号出版发行。

页数：80，5.5×8 英寸。发行量：5 000。

《医界春秋》

1931 年创刊，在白克路出版发行。页数：40，7.5×10 英寸。发行量：3 200。

《医药学》

1923 年创刊，在北京路 266 号出版发行。页数：100，5.5×7.5 英寸。发行量：3 500。

《拒毒月刊》

1927 年创刊，国家拒毒协会在博物馆路 128 号出版发行。页数：70，6.75×10.25 英寸。发行量：10 000。

《黄花》

1934 年创刊，在四川北路 65 号和革命路出版发行。页数：18，5.5×7.5 英寸。发行量：5 000。

《国际贸易导报》

1929 年创刊，外贸局在海关大楼出版发行。页数：200，5×8 英寸。发行量：5 000。

《工程译报》

1931 年创刊，在南桃路公共工程部出版发行。页数：120，5.5×7.5 英寸。发行量：2 000。

《科学》

1916 年创刊，中国科学协会在亚尔培路出版发行。页数：150，7.5×10.5 英寸。发行量：6 000。

《公义月报》

1931 年创刊，在山东路 1 号天安教堂出版发行。页数：4，6.5×9.5 英寸。发行量：500。

《旅行杂志》

1925 年创刊，中国旅行社在四川路 420 号出版发行。页数：

120，6×8 英寸。发行量：10 000。

《民族杂志》

1933 年创刊，在爰麦虞限路（今绍兴路）出版发行。页数：200，7.5×10.5 英寸。发行量：5 000。

《现代父母》

1934 年创刊，中国儿童福利院在博物馆路 20 号出版发行。页数：42，7.5×19.5 英寸。发行量：3 000。

《时代漫画》

1934 年创刊，时代出版有限公司在福州路 95 号出版发行。页数：20，7.5×20.5 英寸。发行量：10 000。

《中华医学杂志》

1914 年创刊，在兹邦（音译）路 41 号出版发行。页数：100，4.5×8 英寸。发行量：3 000。

《商业工程》

1932 年创刊，在圆明园路 23 号出版发行。页数：50，7×9 英寸。发行量：2 000。

《申报月刊》

1932 年创刊，申报出版发行。页数：150，7×10 英寸。发行量：50 000。

《商业月刊》

1920 年创刊，上海华人商会出版发行。页数：160，7×10 英寸。发行量：发行人宣称 15 000。

《商业杂志》

1927 年创刊，在四川路主连拱廊 12A 出版发行。页数：90，5.5×7.5 英寸。发行量：3 000。

《现代学生》

1930 年创刊，由在福州路出版发行。页数：200，4.5×6.5 英寸。发行量：4 500。

《新亚细亚》

1929 年创刊，在金神父路（今瑞金二路）花园巷 14 号出版发行。页数：160，6 ×8.5 英寸。发行量：2 000。

《新创造》

1932 年创刊，在吕班路（今重庆南路）90 号出版发行。页数：150，6 ×8 英寸。发行量：1 000。

《生活月刊》

1930 年创刊，生活医院出版发行。页数：100，5 ×8 英寸。发行量：1 000。

《教育杂志》

1912 年创刊，商报在湖南路出版发行。页数：200，6 ×8.25 英寸。发行量：8 000。

《真光杂志》

1902 年创刊，在圆明园路 209 号出版发行。页数：78，6.75 ×9.75 英寸。发行量：1 350。

《妇人画报》

1933 年创刊，良友印刷出版有限公司在四川北路 851 号出版发行。页数：36，6.75 ×9.5 英寸。发行量：10 000。

《万象月刊》

1934 年创刊，现代出版社在汉口路 455 号出版发行。页数：50，7 ×9 英寸。发行量：发行人宣称 15 000。

《文华》

1930 年创刊，由常胜美术印刷馆在河南路 526 号出版发行。页数：40，8 ×11.75 英寸。发行量：20 000。

《女青年月刊》

1921 年创刊，全国女青年基督教协会（Y. M. C. A）在圆明园路

133 号出版发行，除 8、9 两个月外，每月发行一期。页数：100，5 ×7.75 英寸。发行量：7 000。

《现代》

1932 年创刊，现代书店在福州路出版发行。页数：200，5.5 ×8 英寸。发行量：10 000。

《女铎》

1912 年创刊，在博物馆路 19 号出版发行。页数：90，4.5 ×7.5 英寸。发行量：2 000。

《女子月刊》

1933 年创刊，在霞飞路明德里出版发行。页数：140，4.25 × 6.75 英寸。发行量：6 000。

英文月刊

《亚洲舰队》

亚洲出版公司在上海百老汇路 103 号出版发行（邮政信箱：847）。栏数：4，11 英寸，页数：40 ~60，4 ×6.25 英寸。

《华懋杂志》

1931 年创刊，由威灵顿有限公司（Millington Ltd.）在爱多亚大道 113 号出版发行，每月两期。页数：44 ~60，4 ×6.25 英寸。发行量：每期 1 000 ~1 500。

《亚洲商报》（*Commercial Asia*）

中国 CLIPPER 出版公司创刊，台湾银行大厦 112 室 DONALD KING 出版发行，保险新闻和采集活动。栏目：3，16 ems。页数：56，6 ×9 英寸。

《中国康健月报》（*Commercial Asia*）

1932 年创刊，中国出版有限公司在爱多亚大道 17 号出版发行的致力于身心文化的月刊，中英文同时发行。页数：40 ~60，7 × 10 英寸。

《中国公路》(*China Highways*)

中国汽车俱乐部的机关报刊，由卡尔·克劳公司每月在上海吉克路（Jinkee Road）81 号出版发行。致力于提升中国公路建设和汽车旅游的一本杂志。页数：32，4 × 6.25 英寸。发行量：每月 1 300份。

《中国医学》(*The China Medical Journal*)

1886 年创刊，由中国医药协会在天东路 141 号出版发行。页数：大约 100 页读物，60 页广告，4.5 ×7.5 英寸。发行量：2 000。

《中国月刊》(*The China Journal*)

1923 年创刊，在博物馆路 20 号出版发行。阿瑟·迪·C. 索比尔（Arthur de C. Sowerby）任总编，内容包括科学、艺术、文化、旅游、射击、钓鱼等。每年 12 期包括 3 个特殊的数字。页数：100 ~ 120，4.375 ×7.5 英寸。发行量：1932 年最高发行量达 3 000。

《中国经济月刊》(*Chinese Economic Journal*)

外贸局、工业部在海关大楼出版发行。页数：100 ~ 150，4 ×7 英寸。发行量：1 500。订阅费用：每年$10.00，国外 G. $5.00

《商业工程师》(*Commercial Engineer*)

1933 年创刊，每月在上海爱多亚大道 17 号出版发行。页数：36，6.75 ×9 英寸。

《远东饭店》(*The Far Eastern Hotel Industry*)

每月在圆明园路 169 号出版发行（邮政信箱：1871）。页数：26 ~30，7 ×10 英寸。发行量：发行人宣称每期 1 000 份。

《六边形》(*Hexagon*)

1929 年创刊，在吉克路 25 号出版发行，致力于建筑、结构和设计。栏数：27 ~28，6 英寸。页数：7.75 ×10.75 英寸。发行量：发行人宣称 3 000。订阅费用：每年当地 Tls. 5，海外 Tls. 6。

《英国商会期刊》

1915 年创刊，英国商会在外滩 17 号出版发行。页数：30，7 ×

10 英寸。发行量：发行人宣称每月平均 1 100 份。

《东方事务》

1933 年创刊，由伍德（H. G. W. Woodhead）每月在上海爱多亚大道 21 号出版发行。页数：55，7.5 ×10.5 英寸。发行量：1 000。

《上海建筑工人》

1930 年创刊，在吉克路 25 号出版发行。栏数：2，6 英寸。页数：7.5 ×10.5 英寸。发行量：2 000。订阅费用：每年 Tls. 7。

《上海居户》

卡尔·克劳在上海吉克路 81 号出版。致力于把上海和中国介绍给参观者和居民的杂志。页数：40，4 ×6.25 英寸。发行量：每月 1 500。

《上海电影》

南京路 36 号出版发行。页数：32，7 ×9.5 英寸。发行量：发行人宣称 2 000 份。

《上海警察》

1932 年创刊，远东出版公司在爱多亚大道 17 号印刷出版，月刊，中国唯一致力于解释和发布警察活动的英文杂志。页数：40 ~ 60；9 ×11.25 英寸。

《上海妇女》

1933 年创刊，每月在上海外滩 26 号 404 室出版发行。页数：50，6.25 ×9 英寸。发行量：1 000。

《城镇和运动员》

1933 年创刊，每月在上海爱多亚大道 17 ~ 19 号出版发行。页数：36，7.25 ×10 英寸。发行量：1 000。

《Y 发言人》

1928 年创刊，外国女青年基督会在上海静安寺路（今南京西路）150 号出版发行（电报电挂：Foreigny）。栏数：2，7.5 ×2.5 英寸。页数：38，5×7.5英寸。发行量：发行人宣称1 400。

中文季刊

《农业科学》

南京中央大学农学院出版，商报股份有限公司发行。页数：平均170，4.5×7.5英寸。发行量：发行人宣称8 000。

《工程》

1922年创刊，南京路542房间出版发行。页数：120，5.5×8英寸。发行量：3 000。

《经济学季刊》

1930年创刊，商报出版发行。页数：210，7.5×10.5英寸。发行量：2 000。

《同济季刊》

1931年创刊，同济医学院在白克路东河里出版发行。页数：100，5.5×9.5英寸。发行量：3 000～3 500。

《上海商业名录》

商报有限公司每年出版发行，页数：平均780页，5×7.5英寸。

《中国清单》

《字林西报》每半年出版一期，在外滩17号出版发行。栏数：3，2×9英寸。页数：880。发行量：3 000份。

《大陆报》

中国人所有，中美共同管理。在上海，《大陆报》是被认可的代表中国新闻和利益的报刊。除了提供完整的国际新闻外，《大陆报》在国内有着最高的新闻覆盖率。因此，《大陆报》在受教育的、阅读英文的中国人中的发行量比上海其他英文报纸的总发行量还多84%。英国商会的一个调查显示，发行主要是在中国人社区的进步人士、有钱阶层，这个阶层占中国社区中上海人的82%。另外在美国和外国人中的比较大的发行量使得《大陆报》成为有力的、浓缩的、获的成功的广告的理想媒介。《大陆报》自诩在中国发行23年，由于时尚的外观、活字印刷和简明、有趣的新闻风格，始终保持着先锋者的地位。

《字林西报》

远东唯一的一份出版已审查发行量期刊的报纸，它的发行量是其他在远东出版的英文报纸发行量的两倍。它的发行量情况大体如下：

家庭订户	4431	54%
办公订户	1991	23%
街道和书店	1989	23%
上海	8411	86%
中国其他地方	1389	14%
	9800	100%

下面是基于订阅明细表的分析：

英国读者	39%
中国读者	26%
美国读者	25%
其他	10%

1930年、1931年国际住宅区、法租界的户口普查显示，46%的英国成年人和56%的美国人都是订户。

1934年6月，《字林西报》的日均发行量是9 740，不包括免费赠送的和使用代金券的。

《北华捷报》是《字林西报》的周报。它的订户分布在中国内地，一周发行量为1 950份。在上海，它是唯一的一份新闻周报。《北华捷报》和《字林西报》的读者群实际上覆盖了在中国的所有的外国人和有教养的中国人。

《大美晚报》

上海唯一的一份英文晚报，发行主要集中在上海的商业区。英文报纸《文汇报》和《大晚报》联合而成，每日出报的历史可以追溯到 1863 年。大美晚报是上海唯一的名副其实的美国报纸。这种报纸在全国也仅有两份。它还是中国最大的英文晚报。任何一家外文报纸上的广告投入都代表着巨大的购买力。

《上海泰晤士报》和《上海星期天泰晤士报》

具有国际吸引力的两份报纸，在真正的购买阶层中发行，包括中国人和外国人。1901 年创刊，在上海爱多亚路 160 号出版。电报电挂："Times，Shanghai"，电话：16867，16868，16869，16870。

《密勒氏评论周报》

1917 年创刊。致力于报道与中国和远东有关的政治、社会、财政和经济事务。主要在阅读英文的中国人和在中国的外国人以及海外华人，特别是在菲律宾、海峡殖民地、马来西亚等的华人中发行。被认为是接触对外贸和对中外关系感兴趣的官员、专业人士、商人最好的媒介。

《中国期刊》

主编是阿瑟·迪·C. 索比尔，1923 年创刊，在上海博物馆 20 号发行。一本真实可信的大众杂志，插图丰富。致力于报道中国和远东的艺术、文化、旅游、科学、射击、钓鱼、机械、贸易、工业等。

《中国期刊》在图书馆、社团和大学，在中国人和外国人，在商人、传教士、有闲阶级、学生中都有广泛的发行。在从欧洲、美国和荷属东印度群岛来中国的客轮的阅览室中也有《中国期刊》。自从创办以来，它的发行已延伸到全国各地，包括最西部的省份。

广告费用

插入	整版	半版	四分之一版
1（一个月）	84	51	30
3（一个季度）	230	140	84
6（半年或者每隔一期）	420	252	151
12（一年）	700	420	252

订阅费用

一年订阅费用	12.5（国内含邮资，国外另加5美元邮资）

《时事新报》

一份有影响的日报。进步的办报方针、针对每天重要主题刊载有教育意义的和建设性的评论有助于创造现代中国，因此，它在同时代的报刊中处于领先地位。被当地政府和法庭认为是刊载政府公告和法院告示的官方报刊。总的来说，它是新闻界引用最广泛的中文报纸。为了给广告商提供一个相适应的读物展示他们的产品信息的机会，定期出版特刊，主要刊载汽车、家政、建筑、机械、烟草、娱乐、银行和投资、医学等方面的新闻信息。在路透社的中国报纸等级单中处于第一等级。

《大晚报》

在上海，晚报被中国出版发行人长期忽略，直到1932年上半年才创办《大晚报》。《大晚报》下午提供新闻，满足了长期以来已经觉察到的需求。不到一年，被审计的发行量已达60 000多份。主要是在当地发行，覆盖上海和相邻的上海—南京—杭州铁路沿线贸易繁荣地区。非政治性的报纸，它的发展和繁荣不依赖于中国政局的变化。

《时报》

中国最进步的日报，在新闻和图片方面都做得很好。亚洲唯一一份滚筒印刷三色网版新闻和广告图片的报纸。有中国突出新闻特征的第一份报纸。它的新闻专栏主要关注运动和社会新闻。一般被认为是创造现代中国年青一代最喜欢的报纸。星期日和星期四的图片副刊为在广告方面取得好的印刷效果提供了机会。

《申报》

中国最早的报纸，被广泛阅读。1872 年 4 月创刊，被誉为公共舆论的先驱。它的社论被外文报纸广泛地引述。它发行到世界各地，只要有中国公民的地方，就有《申报》。国内日发行量 150 000 份，上海当地和中国其他部分各占一半。中国最有影响力的报纸。

每天全国各地至少有 150 000 个家庭阅读《申报》上刊载的广告。对于外国广告来说，《申报》是最好的媒介，因为《申报》的读者对一流的进口商品具有比较强的购买力。《申报》给国外广告主提供专家服务并为广告投放提供建议。

除了这些，《申报》还有一些专栏。电影增刊是每天的专栏，包括星期天；汽车副刊每星期三出版，图片副刊每周一和周四出版。在刊载这些副刊的《申报》上发布广告不需要支付额外的费用。

《新闻报》和《新闻夜报》

精确的新闻服务，不偏不倚的编辑方针，其拥有最大的发行量，也是最好的广告媒介。

《大美晚报》

在中国唯一一份美国人拥有的中文报纸。对于政党、政治和民族、国际问题，《大美晚报》不表达编辑部意见，从这个意义上来看，这是一份严格意义的报纸。除了全面报道当地和世界新闻外，在内容上还设置有金融、运动、电影等版面。（《大晚报》）和《文汇报》联合出版）

《旅行杂志》

中国唯一一本针对旅行者的出版物。铜版纸印刷，有精美图片和景点的准确概述。刊载有最新的列车时刻表和主要航运公司的航运时刻表，给读者提供了很大的方便。

《东方杂志》

1904 年创刊，由商报股份有限公司出版发行。这是一本关于国内外政治、社会、经济问题的通俗读物，也报道时事。其不仅被中国的知识阶层阅读，而且被遍布全世界的海外华人订阅。它是对中国高购买力人群最具有吸引力的媒介。

《中华》

最畅销的中国凹版印刷画报。采用单色凹版印刷工序印刷的画报月刊。新中华出版公司在上海海宁路 446 号出版发行。

《中华》1931 年创刊，发展势头迅猛，每一期发行量都在不断增加。聘任一些知名的艺术家和摄影家做编辑，这些人能够不时地给读者提供新鲜有趣的内容。作为一个好的广告媒介，它为广告主提供方便，广告可以插入到任何一个版面，同时配以图片。

《良友画报》

中国最具有吸引力的畅销杂志。良友出版印刷有限公司在四川北路 851 号每月出版一期。

长期以来，《良友画报》被商界认为是最具有影响力的广告媒介之一。不像其他的廉价报纸，《良友画报》被那些有闲暇时间去看广告而且有闲钱去购买广告商品的富人们喜欢、订阅并反复阅读。它的发行量很大，到目前为止，超过任何一个在中国出版的画报。平均发行量 40 000，有时更多。在良友画报登载的广告，将散布到 40 000 个家庭，被不同地区超过 200 000 人阅读，这些人都是广告产品现在或将来的购买者。

良友画报采用现代工艺凹版印刷。广告稿可以得到细致处理。

它们不遗余力、不计代价地展现广告自身的吸引力，不让广告中的任何信息逃离读者的眼睛。

《时代》

半月刊画报，时代出版股份有限公司在上海福州路 9 号出版发行。

《时代》发行量达 25 000，主要供富人家庭阅读。对于广告来说，它是能取得最大广告效果的理想媒介。如果你想在知名画报上做广告，不要忽视《时代》，它可以保证给你最好的版面、精美的印刷！顾名思义，这是一本满足现代中国需要的具有现代风格的杂志。

《征信工商行名录》

银行家合作信用服务有限公司在圆明园路 199 号出版发行，每年出版一期。广告代理经销商：四川路 668 号。页数：1 200。发行量：5 000。

《上海美金指南》(*Shanghai Dollar Directory*)

1932 年创办，每半年出版一期，1 月 15 日和 7 月 15 日出版发行。由上海美金指南协会在爱多亚路 17 号英文、中文同时发行。页数：800 ~ 1 000；6 × 9 英寸。

襄阳（湖北省）

湖北北部的贸易中心，位于汉江上游。有公路和沙市相连，人口 450 000。

中文日报

《鄂北日报》

1931 年创办，在老塔大街出版发行。页数：4，8.75 × 13 英寸。发行量：1 000。

沙市（湖北省）

河港，北边有公路和襄阳相连，南边有公路和湖南常德相连。

人口：100 000。

中文日报

《长江商务报》

1922 年创办，在中山一街 74 号出版发行。页数：8，13.5 × 19.25 英寸。发行量：5 000。

《荆报》

1930 年创办，在中山二街 78 号出版发行。页数：4，13.5 × 19.25 英寸。发行量：3 200。

《荆江日报》

1933 年创办，在中山二街 60 号出版发行。页数：4，9.5 × 13.75 英寸。发行量：3 000。

苏州（江苏省）

位于上海—南京铁路沿线，距上海 65 英里，人口 907 590。

中文日报

《中报》

1921 年创办，在中心市场 31 号出版发行。页数：4，12.75 × 19.5 英寸。发行量：2 400。

《大公报》

1926 年创办，在碧凤巷 44 号出版发行。页数：4，15 × 20 英寸。发行量：2 000。

《明报》

1917 年创办，在杜陵桥出版发行。页数：4，13 × 19 英寸。发行量：5 000。

《市乡公报》

1916 年创办，在碧凤坊巷出版发行。页数：4，14 × 19.5 英寸。发行量：2 000。

《苏州日报》

1922 年创办，在苏州中街路 124 号出版发行。页数：4，14×18 英寸。发行量：3 200。

《吴县日报》

1916 年创办，在中心市场东 41 号出版发行。页数：4，14.75×20 英寸。发行量：3 000。

《吴县民报》

1927 年创办，在民自路（音译）出版发行。页数：4，13.25×20 英寸。发行量：3 400。

萧山（浙江省）

钱塘江畔的小城镇，距杭州大约 30 英里，人口 560 000。

中文日报

《民国日报》

1930 年创办，萧山国民党出版发行。页数：4，9.25×13 英寸。发行量：1 600。

西安（陕西省）

陕西省省会，距陇海铁路最西端的灵宝 150 英里，人口 250 000。

中文日报

《西京日报》

1933 年创办，在五味十字大街出版发行。页数：8，14×19 英寸。发行量：发行人宣称 1 500。

《西安日报》

1931 年创办，在中山街出版发行。页数：6～8，13.25×20 英寸。发行量：4 000。

《新泰日报》

1921年创办，在中山路492号出版发行。页数：8，14×19英寸。发行量：3 500。

《西北文化日报》

1929年创办，在陕西西安出版发行。页数：8，14×19英寸。发行量：5 200。

绍兴（浙江省）

有公路和杭州、宁波相连，人口200 000。

中文日报

《绍兴新闻》

1920年创办，在绍兴县出版发行。页数：8，13.5×20英寸。发行量：1 700。

《民国日报》

1927年创办，在绍正大街10号出版发行。页数：8，13.75×20英寸。发行量：2 500。

顺义（河北省）

北平北边的一个城市，有公路与北平相连，人口329 158。

中文日报

《顺义日报》

1932年创办，在顺义出版发行。页数：4，9×14英寸。发行量：2 300。

湘潭（湖南省）

湘江江畔的一个重要城镇，有公路与长沙相连，人口100 000。

中文日报

《湘潭民报》

1926 年创办，在湘潭育婴街出版发行。页数：4，12 × 19.5 英寸。发行量：1 000。

睢宁（江苏省）

有公路与湖州相连，人口 118 522。

中文日报

《睢宁日报》

1932 年创办，在区党总部出版发行。页数：4，7.5 × 10 英寸。发行量：300。

松江（江苏省）

位于上海—杭州—宁波铁路沿线，通公路。距上海 27 英里，人口 242 000。

中文日报

《茸报》

1933 年创办，在西门樟树桥出版发行。页数：4，10 × 14.5 英寸。发行量：2 000。

汕头（广东省）

韩江江畔的条约口岸，位于香港 180 英里处，人口大约 75 000。

中文日报

《民声日报》

1923 年创办，在汕头永安街出版发行。页数：8，14 × 19.5 英寸。发行量：2 000。

《汕报》

1928 年创办，在汕头万安横街 4 号出版发行。页数：8，16.5 × 22 英寸。发行量：4 200。

《岭东民国日报》

1926 年创办，在汕头东马路永平里出版发行。页数：12，12.5 ×19.5 英寸。发行量：5 500。

《新岭东日报》

1931 年创办，在汕头升平马路出版发行。页数：8，14.5 ×20 英寸。发行量：2 000。

《星华日报》

1931 年创办，在新路出版发行。页数：12，14 ×19 英寸。发行量：6 000。

中文三日刊

《风报》

1930 年创办，在新街慈安里 3 号出版发行。页数：4，9 ×14 英寸。发行量：500。

泗阳（江苏省）

江苏北部大运河沿岸城市，人口 222 998。

中文日报

《淮滨日报》

1931 年创办，在东大门出版发行。页数：4，9 ×12.75 英寸。发行量：500。

台山（广东省）

珠江河口临近广州的一个城市，人口 520 000。

中文日报

《台山民国日报》

1931 年创办，在台山城县前路出版发行。页数：8，14.5 ×19.5 英寸。发行量：1 000。

《台山舆论日报》

1913 年创办，在西大街 33 号出版发行。页数：10，14.5 ×20 英寸。发行量：4 800。

太仓（江苏省）

产棉中心，距昆山 10 英里，人口 284 696。

中文日报

《平民日报》

1933 年创办，在飞云桥出版发行。页数：2，13 ×19.25 英寸。发行量：2 000。

太原（山西省）

山西省省会，郑太铁路（140 英里长）的终点，与北京—汉口铁路在此交汇。位于北京南 172 公里处，也是通向全省各地的公路中心。人口 260 000。

中文日报

《晋阳日报》

1916 年创办，在太原环字街 80 号出版发行。页数：8 ~ 10，16 ×20 英寸。发行量：5 200。

《并州新报》

1917 年创办，在太原柳树巷出版发行。页数：8，13.25 ×20 英寸。发行量：1 500。

《华闻晚报》

1932 年创办，在新道街 36 号出版发行。页数：4，9.5 ×13 英寸。发行量：5 200。

《太原日报》

1932 年创办，在太原桥街出版发行。页数：12，13.5 × 19 英寸。发行量：7 600。

《太原晚报》

1931 年创办，在龙王庙街出版发行。页数：4，9.5 × 14.5 英寸。发行量：3 600。

中文周刊

《童钟》

1932 年创办，在省模范高中出版发行。页数：8，5.5 × 8 英寸。发行量：2 000。

《明星报》

1932 年创办，在新民路 12 号出版发行。页数：4，9 × 13 英寸。发行量：3 200。

《乡镇白话周报》

1931 年创办，在天地坛五道涌 10 号出版发行。页数：8，9 × 13 英寸。发行量：9 200。

《山西日报》

1916 年创办，在新明路出版发行。页数：8 ~ 10，14 × 20 英寸。发行量：6 000。

泰兴（江苏省）

苏北大运河沿岸的城镇，人口 200 000。

中文日报

《江东日报》

1930 年创办，在区政府前面出版发行。页数：4，10 × 14.5 英寸。发行量：1 500。

《泰报》

1926年创办，在市庙出版发行。页数：4，8.75×13英寸。发行量：1 100。

丹阳（江苏省）

坐落在上海—南京铁路沿线，距上海132英里，人口453 462。

中文日报

《丹阳时报》

1933年创办，在丹阳公园出版发行。页数：4，10×13英寸。发行量：400。

桃源（湖南省）

坐落在湖南北部的城市，有公路与常德相连，人口190 765。

中文日报

《桃源通俗报》

1928年创办，在桃源城马号街出版发行。页数：4，9.25×14英寸。发行量：500。

大通（安徽省）

位于长江江畔的经济中心，人口800 000。

中文日报

《新大通报》

1929年创办，在大通出版发行。页数：6，9×13.75英寸。发行量：1 700。

天津（河北省）

重要的条约口岸，距海岸35英里，距北京80英里。位于北京—

沈阳铁路线上，是天津—浦口铁路的北起点。人口大约 1 250 000，包括 10 000 名外国人。

中文日报

《治新日报》

1932 年创办，在天津特三区四经路出版发行。页数：4，9 × 14 英寸。发行量：14 000。

《中华新闻报》

1932 年创办，在天津东马路袜子胡同 36 号出版发行。页数：4，9.5 × 13.25 英寸。发行量：1 000。

《中南报》

1929 年创办，在天津南市大舞台东大街出版发行。页数：4，10 × 14 英寸。发行量：发行人宣称 10 000。

《大中时报》

1929 年创办，在天津义界 20 号出版发行。页数：8，14 × 20 英寸。发行量：5 000。

《大公报》

1902 年创办，在天津法租界 30 大道 161 号出版发行。页数：12 ~ 14，16 × 20 英寸。发行量：发行人宣称 55 000。

《大报》

1934 年创办，在天津法租界兆丰路兴义里 2 号出版发行。页数：4，9.5 × 14.25 英寸。发行量：3 000。

《晓报》

1932 年创办，在天津南市广兴大街内出版发行。页数：4，9 × 14 英寸。发行量：2 000。

《新天津》

1925 年创办，在天津义租大马路 11 号出版发行。页数：16，9.75 × 14 英寸。发行量：发行人宣称 12 000。

《新天津晚报》

1925 年创办，在天津义租界大马路 11 号出版发行。页数：4，9.25×14.25 英寸。发行量：5 000。

《快报》

1928 年创办，在天津特三区墙子河路出版发行。页数：8，9×14.5 英寸。发行量：8 000。

《国强报》

1918 年创办，在天津南市平安大界出版发行。页数：4，9×14 英寸。发行量：发行人宣称 10 000。

《民国日报》

1930 年创办，在天津特三区三青路 7 号出版发行。栏数：10，2 英寸高，14 英寸宽。页数：12，14×20 英寸。发行量：12 000。

《民报》

1928 年创办，在天津日租界须磨街庆成里 4 号出版发行。页数：8，14×20 英寸。发行量：15 000。

《白话晨报》

1912 年创办，在天津公新街出版发行。页数：4，10×13.75 英寸。发行量：2 000。

《白话晚报》

1912 年创办，在天津光新街出版发行。页数：4，9.5×14 央寸。发行量：18 000。

《世界晨报》

1934 年创办，在天津大金路出版发行。页数：4，9.25×13.75 英寸。发行量：1 500。

《旭日报》

1912 年创办，在天津光新中心街出版发行。页数：2，14×12 英寸。发行量：1 000。

《新报》

1928 年创办，在天津光新街出版发行。页数：2，14 × 12.5 英寸。发行量：12 000。

《天津商报》

1928 年创办，在天津法租界 24 号出版发行。页数：12，14 × 20 英寸。发行量：6 000。

《天风报》

1929 年创办，在天津法租界华中路出版发行。页数：4，9.5 × 14 英寸。发行量：5 000。

《天津晨报》

1904 年创办，在天津特二区出版发行。页数：4，9 × 13.75 英寸。发行量：3 000。

《天津日报晚刊》

1929 年创办，在天津日租界福岛街出版发行。页数：4，9.255 × 14 英寸。发行量：2 000。

《天津平报》

1921 年创办，在天津义租界大马路 40 号出版发行。页数：4，9.5 × 14.25 英寸。发行量：发行人宣称 12 000。

《天津时报》

1921 年创办，在天津义租界大马路 40 号出版发行。页数：4，9.25 × 14.25 英寸。发行量：发行人宣称 10 000。

《天津晶报》

1930 年创办，在天津新车站昆纬路出版发行。页数：10，9.25 × 14.25 英寸。发行量：4 000。

《天津晚报》

1904 年创办，在天津特二区大街 1 号出版发行。页数：4，8.75 × 13.25 英寸。发行量：4 000。

《天津午报》

1911 年创办，在天津特二区大街出版发行。页数：12，10 × 13.25 英寸。发行量：28 000。

《东方日报》

1930 年创办，在天津意大利租界东街 14 号出版发行。页数：4，9.5 ×14 英寸。发行量：2 000。

《华北新闻》

1922 年创办，在天津法租界 4 街出版发行。页数：6，14.5 ×20 英寸。发行量：8 000。

《华北晚报》

1927 年创办，在天津河北公园内出版发行。页数：4，10 ×13.5 英寸。发行量：8 000。

《益世报》

1915 年创办，在天津义租界大马路出版发行。栏数：10，2 英寸高，15 英寸宽。页数：12，15 ×20 英寸。发行量：发行人宣称 77 000。

《益世报晚刊》

1930 年创办，在天津义租界大马路出版发行。页数：4，9.5 × 13.75 英寸。发行量：7 000。

《庸报》

1926 年创办，在天津法租界 26 号出版发行。栏数：12，2.5 或 1.75 英寸高，14.5 英寸宽。页数：12 ~14，14.5 ×20.5 英寸。发行量：发行人宣称 21 000。

英文日报

《华北明星》（《华北星报》）（*North China Star*）

1918 年创办，华北明星公司在天津法租界巴斯德路 78 号出版发行，每天早上出版，包括星期天。栏数：7，20 英寸，12 ems。页数：12～16，14.5×20 英寸。发行量：发行人宣称日均 3 500 份。订阅费：一年 10 美元，半年 5 美元（包括国内邮资），国外邮资另付。

《京津泰晤士报》

1894 年创办，天津报业股份有限公司在维多利亚路 181 号出版发行，每天早上出版，星期日除外。栏数：7，20 英寸，20 ems。页数：14～16，14.5×20 英寸。发行量：发行人宣称 2 000 份。

德文日报

《德中新闻》（*Deutsch-Chinesische Nacherichten*）

1929 年创办，W. 巴特尔（W. Bartels）先生在伍德罗·威尔逊街 10～22 号出版，每天早上出版发行，包括星期天。栏数：6，16 英寸高，1.75 英寸宽。页数：24～36，10.5×16 英寸。发行量：发行人宣称日均 2 500 份。

俄文日报

《娜莎日报》（*The Nasha Zaria*）

1928 年在天津外滩 302～304 号创办，每天早上，包括星期天出版发行（电报电挂："Zarai"）。主编：T. L. Miccer；发行人：O. V. Lombick。栏数：7，20 英寸，12 ems。页数：8～16，14.5×20 英寸。发行量：发行人宣称 1 500 份。

英语周报

《京津泰晤士星期报》

天津报业股份有限公司在天津维多利亚路 181 号出版，每天早上出版发行，星期日除外。栏数：7，20 英寸，12 ems。页数：24，14.5×20 英寸。发行量：发行人宣称 2 250 份。

中文周刊

《中华画报》

1932 年创办，在曾坞里 10 号出版发行。页数：4，9×14 英寸。

发行量：5 000。

《风月画报》

1932 年创办，在中山路 195 号出版发行。页数：4，9 × 14 英寸。发行量：1 000。

《新天津画报》

1934 年创办，在法租界主街出版发行。页数：4，8. 75 × 14 英寸。发行量：2 000。

《国闻周报》

1924 年创办，在第 30 路 161 号出版发行。页数：80，6 × 8 英寸。发行量：发行人宣称 20 000。

《体育周报》

1932 年创办，在法租界 26 号出版发行。页数：30，6 × 9 英寸。发行量：10 000。

《河北第一博物院画报》

1934 年创办，由河北第一博物院出版发行。页数：4，9. 25 × 13. 5 英寸。发行量：500。

《北洋画报》

1931 年创办，在法租界 23 路出版发行。页数：4，9. 5 × 13. 75 英寸。发行量：2 500。

《天津商报画刊》

1930 年创办，在法租界 24 大街出版发行。页数：4，9 × 14 英寸。发行量：1 000。

《旅行周报》

1934 年创办，在伦敦路十开里 42 号出版发行。页数：28，6 × 9. 25 英寸。发行量：发行人宣称 10 000。

《益世报》

有二十多年的历史，是一份专心致力于中国天主教徒利益的报纸。它是一份独立的报纸，不受政党的影响。由一台大型的德国产轮转印刷机印刷，每小时可印刷 30 000 份、16 个版面的报纸。面向全国发行，发行量超过 100 000。编辑部共有 170 人。是覆盖华北地区最好的广告媒介。

《华北明星报》

创办于 1918 年，晨报，每天出版，包括星期日和节假日。发行量每天 3 000 多份，星期日有所增加。发行量超过在上海北部的英文报纸中与它最接近的两个竞争者的综合发行量。平时 14 ~ 18 个版，星期天 22 ~ 46 个版。华北明星报的广告和新闻覆盖至少 50 000 000 人。天津是河北省的商业中心，整个华北的供给港。因此，广告主发现在天津百万居民中为他们的商品做广告，《华北明星报》是最佳选择。

《京津泰晤士星期报》

由于丰富的图例，包含社会话题和运动的专栏，《京津泰晤士星期报》很快就成为最重要的人口稠密的华北地区中最有影响力的印刷物。它吸引了家庭每个成员的注意，作为广告媒介的突出价值，这为它的成功作出了巨大贡献。

《游艺画报》

1934 年创办，在天津特二区行龙街出版发行。页数：8，6.75 × 8.75 英寸。发行量：700。

中文月刊

《方舟月刊》

1934 年创办，在意大利租界 15 路出版发行。页数：62，5.5 × 8.5 英寸。发行量：1 000。

唐山（河北省）

天津周边地区的一个工业中心，位于白河河口处，人口 70 000。

中文日报

《唐山工商日报》

1931 年创办，在连西街同曾里出版发行。页数：6，9.25 × 13.25 英寸。发行量：2 000。

济南（山东省）

山东省省会，胶济铁路的西边起点，天津—浦口铁路的重要站点。人口大约 600 000。

中文日报

《晨光日报》

1929 年创办，在花墙街 7 号出版发行。页数：4，14.5 × 20 英寸。发行量：2 500。

《诚报》

1931 年创办，在纬四路仁美里出版发行。页数：8，14.5 × 19.5 英寸。发行量：3 000。

《华北新闻》

1932 年创办，在为洽庄出版发行。页数：8，10 × 14 英寸。发行量：1 000。

《国民日报》

1932 年创办，在南门后营坊 10 号出版发行。页数：8，14 × 19 英寸。发行量：4 700。

《历下新闻》

1931 年创办，在后营坊 10 号出版发行。页数：6，14 × 20 英寸。发行量：2 000。

《平民日报》

1921 年创办，在经六纬六十字路口出版发行。页数：8，12 × 18 英寸。发行量：3 700。

《山东民国日报》

1930 年创办，在东华街 9 号出版发行。页数：12，13.5 ×19.5 英寸。发行量：发行人宣称 15 000。

《山东日报》

1932 年创办，在西门 8 大街出版发行。页数：8，14 ×19 英寸。发行量：3 000。

《小诚报》

1931 年创办，在纬四路仁美里出版发行。页数：4，9.75 ×14 英寸。发行量：1 000。

《东鲁日报》

1932 年创办，在江镇路 5 号出版发行。页数：8，14 ×19 英寸。发行量：1 000。

《济南大晚报》

1933 年创办，在经十路出版发行。页数：4，10 ×14.5 英寸。发行量：800。

《通俗日报》

1921 年创办，在皓彩门（音译）出版发行。页数：4，14.25 ×20 英寸。发行量：3 000。

《济南日报》

1916 年创办，在柏丽门外（音译）出版发行。页数：4，12 ×18 英寸。发行量：5 800。

《济南晚报》

1930 年创办，在金鲁路出版发行。页数：12，9 ×14 英寸。发行量：发行人宣称 16 000。

清远（广东省）

广东中部的一个城市，有公路与广州—珠江铁路相连，人口

516 900。

中文日报

《清远日报》

1930 年创办，在春华路出版发行。页数：4，15 × 20 英寸。发行量：3 200。

靖江（江苏省）

长江江畔的城市，临近江阳市，人口 216 075。

中文日报

《靖江日报》

1928 年创办，在靖江上新街出版发行。页数：4，9 × 14 英寸。发行量：550。

靖江埠（江苏省）

江苏北部大运河沿岸的集镇，人口 150 000。

中文日报

《江北日报》

1920 年创办，在槽石沟 1 号出版发行。页数：4，9 × 13.5 英寸。发行量：1 200。

《新商报》

1933 年创办，在旧将军府出版发行。页数：4，9.5 × 13 英寸。发行量：2 700。

《苏北日报》

1931 年创办，在火庙街 27 号出版发行。页数：4，9 × 13.75 英寸。发行量：1 500。

青浦（江苏省）

距离上海 34 英里的一个城市，人口 204 700。

中文日报

《青浦民众》

1930 年创办，在水塘巷出版发行。页数：4，9×14 英寸。发行量：1 000。

青岛（山东省）

胶州湾的海港，位于上海北面 300 英里，山东铁路的东端，山东铁路在济南与天津—浦口铁路相连。青岛最早是德国的租约地，第一次世界大战爆发，日本取代德国对青岛实行殖民统治，1922 年归还中国。上海居民的避暑胜地。人口大约 200 000。

中文日报

《胶澳报》（《胶澳日报》）

1931 年创办，在虞城路 3 号出版发行。页数：12，9×13.5 英寸。发行量：2 000。

《胶济日报》

1931 年创办，在广西路 33 号出版发行。页数：8，13.25×20 英寸。发行量：3 000。

《正报》

1928 年创办，在肥城路 17 号出版发行。页数：12，14×20 英寸。发行量：1 500。

《大青岛报》

1914 年创办，在中山路出版发行。页数：8，15×20 英寸。发行量：7 000。

《胶澳通信日报》

1920 年创办，在观象路 8 号出版发行。页数：8，9×13.75 英寸。发行量：1 000。

《工商新报》

1929 年创办，在安徽路 1 号出版发行。页数：10，14×19.5 英寸。发行量：3 600。

《平民报》

1927 年创办，在肥城路 2 号出版发行。页数：12，14 × 20 英寸。

《快报》

1931 年创办，在观城路南首出版发行。页数：8，14 × 20 英寸。发行量：1 000。

《光华日报》

1929 年创办，在博山路 67 号出版发行。页数：8，14 × 20 英寸。发行量：2 500。

《新青岛报》

1930 年创办，在湖南路 71 号出版发行，早上出版发行。页数：10，13 × 19 英寸。发行量：3 200。

《青岛晨报》

1933 年创办，在芝罘路 40 号出版发行。页数：8，14.25 × 20 英寸。发行量：800。

《青岛日报》

1932 年创办，在热河路新 19 号出版发行。页数：6 ~ 8，14.5 × 20 英寸。发行量：1 800。

《青岛公报》

1932 年创办，在虞城路 6 号出版发行。页数：4，14 × 20 英寸。发行量：1 000。

《青岛民报》

1930 年创办，在福建路 38 号出版发行。页数：12 ~ 14，14.5 × 20 英寸。发行量：8 600。

《青岛时报》

1924 年创办，在兰州路 17 号出版发行。页数：12，14.5 × 20

英寸。发行量：7 800。

英文日报

《青岛泰晤士报》

1924 年创办，青岛泰晤士报股份有限公司在新泰路（电报电挂：Times）出版发行，每天早上出版，星期一除外。科林·斯托克韦尔（Colin Stockwell）先生任总经理和总编辑。栏数：6，19 英寸，13 ems。页数：12，14×19 英寸。发行量：发行人宣称日均 1 500 份。

日文日报

每天早上在中山路出版，包括星期日（邮政邮箱 73）。栏数：7，20 英寸。页数：8～12，14.75×20 英寸。发行量：发行人宣称日均 5 000 份。

崇明（江苏省）

长江河口的一个岛屿，距上海 20 英里，人口 50 000。

中文日报

《新崇报》

1927 年创办，在北门出版发行。页数：4，9×12.75 英寸。发行量：1 500。

《崇明报》

1921 年创办，在万安崇出版发行。页数：4，9×14 英寸。发行量：2 000。

崇德（浙江）

距杭州 30 英里的城市，人口 70 000。

中文三日刊

《新崇德民报》

1929 年创办，在崇德区党总部出版发行。页数：12，14×19 英寸。发行量：300。

资兴（湖南省）

湖南南部的城市，人口 168 925。

中文三日刊

《资兴民刊》

1933 年创办，财政局出版发行。页数：4，8.5 × 13.5 英寸。发行量：300。

万县（四川省）

长江峡谷四川段第一大河港，人口 300 000。

《万县日报》

1931 年创办，在万县每天早上出版发行。栏数：8，24 × 13 英寸。页数：4，13 × 18 英寸。发行量：800。

温州（浙江省）

海港及通商口岸，位于宁波南 60 英里处，人口 90 000。

中文日报

《瓯海民报》

1928 年创办，在铁井街 20 号出版发行。页数：4，13 × 20 英寸。发行量：2 100。

《浙瓯日报》

在永嘉区党总部出版发行。页数：4，14.5 × 19 英寸。发行量：3 700。

《永嘉民众日报》

1932 年创办，在宴公庙出版，早上发行。页数：4，13 × 20 英寸。

《新瓯潮报》

1930 年创办，仙见托德出版。页数：4～6，14.75×20 英寸。发行量：500。

《温州商报》

1929 年创办，在新街出版。页数：4，12×14 英寸。发行量：1 700。

《温州新报》

1932 年创办，在第五大道高公桥 5 号出版。页数：4，14.5×20 英寸。发行量：500。

芜湖（安徽省）

位于长江南岸的贸易港口，中国最大的产稻中心。人口 298 469。

中文日报

《皖江日报》

1914 年创办，在中山路 41 号出版。页数：10，14.5×19.5 英寸。发行量：2 500。

《芜湖工商日报》

1915 年创办，在第二大街 128 号出版。页数：10，14.5×19.5 英寸。发行量：2 500。

《芜湖导报》

1933 年创办，在大花园出版。页数：8，14.5×19.5 英寸。发行量：1 500。

武昌（湖北省）

中文日报

《新汉口日报》

1931 年创办，在西门 7 号出版。页数：4，9×14.25 英寸。发行量：6 000。

梧州（广西省）

通商口岸，广西省重要的货物集散地，人口 100 000。

中文日报

《大公报》

1931 年创办，在南湾路 73 号出版。页数：8，14 × 19 英寸。发行量：5 000。

《国民日报》

1929 年创办，在大南路出版。页数：12，14 × 20 英寸。发行量：2 500。

《和平日报》

1931 年创办，在金坊路 80 号出版。页数：8，13.5 × 20 英寸。发行量：1 200。

吴江（江苏省）

大运河沿岸城市，临近苏州，人口 275 477。

中文日报

《吴江日报》

1931 年创办，在北圻东出版。页数：4，9 × 14 英寸。发行量：600。

无锡（江苏省）

南京—上海铁路沿线重要的制造业中心，距上海 108 英里，人口 899 291。本地企业有 45 家缫丝厂、5 家面粉厂、9 家纱厂，18 纺织厂、肥皂厂和豆粉加工厂等。

中文日报

《大公报》

1930 年创办，在新萱前街出版。页数：4，12 ×20 英寸。发行量：5 000。

《新无锡报》

1922 年创办，在书院巷出版。页数：4，12 ×19 英寸。发行量：2 000。

《国民导报》

1928 年创办，在图书馆巷 1 号出版。页数：4，14 ×20 英寸。发行量：3 000。

《锡报》

1917 年创办，在学校巷出版。页数：4，14. 5 ×20 英寸。发行量：2 000。

中文小报

《轰报》

1931 年创办，在新庙 3 号出版，隔一天出版一期。页数：2，9 ×7 英寸。行量：5 000。

《热血报》

1931 年创办，由无锡抗日宣传部出版，每三天出版一期。页数：4，8. 75 ×13 英寸。发行量：1 000。

武穴（湖北省）

位于九江和汉口中间的河港。

中文日报

《武穴日报》

1932 年创办，在武穴党部出版。页数：4，8. 5 ×13. 5 英寸。发行量：900。

扬州（江苏省）

长江上的河港，镇江对面。郊区人口 1 139 434，城市人口 166 957。

中文日报

《中华日报》

1933 年创办，在小东门出版。页数：4，14×19 英寸。发行量：1 600。

《大江北日报》

1920 年创办，在新中国桥 8 号出版。页数：4，14×19 英寸。发行量：1 800。

《江淮新报》

1920 年创办，在东川门大街出版。页数：4，13×20 英寸。发行量：1 200。

《江北商务报》

1928 年创办，在图书馆桥西二巷出版。页数：4，13×19 英寸。发行量：1 350。

《江都民报》

1933 年创办，在肖家井 8 号出版。页数：4，13×20 英寸。发行量：800。

《淮扬日报》

1918 年创办，在旧城十巷 20 号出版。页数：4，10×14 英寸。发行量：2 400。

《民意日报》

1932 年创办，在李官人巷 5 号出版。页数：4，11×16 英寸。发行量：1 200。

《新民报》

1929 年创办，在长东巷出版。页数：4，13×29 英寸。发行量：

1 000。

盐城（江苏省）

江苏东部的一个城市，人口 452 324。

中文日报

《民声日报》

1932 年创办，在西大街 15 号出版。页数：4，9 × 14 英寸。发行量：1 000。

营口（辽宁）

以牛庄著称的通商口岸，南满铁路一个分支的终点，人口大约 100 000。

中文日报

《营商日报》

1909 年创办，在营口街东端出版。页数：6，13 × 18.5 英寸。发行量：1 000。

云南府（云南省）

云南省省府，有铁路与海防港相连，人口大约 280 000。

中文日报

《大无畏报》

1927 年创办，在新华街镇宁巷 1 号出版。页数：4，12.5 × 19 英寸。发行量：2 000。

《复旦报》

1929 年创办，在升平镇出版。页数：4，12 × 20 英寸。发行量：4 000。

《均报》

1918 年创办，在刺绣街 61 号出版。页数：4，13.25×20 英寸。发行量：4 000。

《昆明市政日刊》

1930 年创办，在静心街 137 号出版。页数：4，14×20 英寸。发行量：2 000。

《民国日报》

1930 年创办，在昆明寺西沃特路 51 号出版。页数：8，12.5×19.5 英寸。发行量：发行人宣称 50 000。

《民生日报》

1932 年创办，在 L Do 街 160 号出版。页数：4，13×18.5 英寸。发行量：2 000。

《义声报》

1913 年创办，在粮仓街当铺巷 7 号出版。页数：5，13.75×20 英寸。发行量：3 800。

《西南日报》

1916 年创办，在武穆街 186 号出版。页数：6，12.75×20 英寸。发行量：3 000。

《新商报》

1930 年创办，在市商务部发行。页数：4，14.5×20 英寸。发行量：1 000。

《云南新报》

1925 年创办，在东字街 177 号出版。页数：4，12.5×19.5 英寸。发行量：5 400。

《社会新报》

1916 年创办，在文明街 6 号出版。页数：6~8，12.5×20 英寸。发行量：5 000。

余姚（浙江省）

有上海—杭州—宁铁路与宁波相连，人口229 393。

中文日报

《姚江新报》

1933年创办，在滨江路38号出版。页数：4，13×19英寸。发行量：发行人宣称1 650。

译后记

与在华基督教新教的报刊活动比较而言，在华天主教报刊的传播较晚，一直到19世纪末才起步。但是，在华天主教报刊以其迅猛的发展势头，在19世纪末到20世纪上半叶期间，迅速成为中国一股有影响力的社会力量。

1936年，德国汉学家罗文达（Rudolf Löwenthal，1904—1996）博士对中国的天主教报刊进行调查，其调查报告于1936年3月发表在《中华公教教育联合会丛刊》（*The Digest of the Synodal Commission*）第9卷第3期上，这就是《在华天主教报刊》（*The Catholic Press in China*）。1940年，罗文达、陈鸿舜、古廷昌、梁允彝结集出版英文著作《中国宗教期刊》（*The Religious Periodical Press in China. Peking*：*The Synodal Commission in China*，1940），对在华天主教报刊，在华基督新教报刊，中国佛教、道教和儒教报刊，在华伊斯兰教报刊，在华犹太教报刊，在华俄罗斯东正教及其他教派报刊进行论述。在《在华天主教报刊》中，罗文达对1917—1936年的在华天主教报刊进行了分阶段论述，同时分析了各个时期在华天主教报刊的地理分布、使用语言、发行量。正确地认识在华天主教报刊每个阶段的特征，进而认识其传播策略，是理解外国传教士在华报刊活动的发展态势及其在西学东渐过程中对中国社会和本土新型报刊兴起产生影响的基础条件。

需要特别说明的是，为了便于读者了解在华天主教报刊的活动轨迹，我们特别增加了三个附录：附录一是摘自德礼贤著《中国天主教传教史》（商务印书馆1933年版，第136~157页）的《中国天主教大事录》；附录二《在华天主教报刊目录》选自天主教主教会议委员会在罗文达博士的技术支持下于1936年出版的《梵蒂冈世界天主教报刊展览会》（*Vatican Exposition of the World Catholic Press*）；附录三是卡尔·克劳公司（Carl Crow，Inc.）于1935年在上海出版发行的《中国报刊目录》（*Newspaper Directory of China*）。希望这三个珍贵的附录资料有助于读者认识在华天主教报刊的活动规律及其对中国社会的影响。

感谢所有对《在华天主教报刊》（*The Catholic Press in China*）中译本出版作出贡献的朋友；感谢暨南大学出版社杜小陆主任、史学英编辑和责任编辑陈绪泉先生；感谢本书的外编《广东外语外贸大学学报》编辑部许莲华副编审的辛勤工作；郑州大学新闻与传播学院王晓宁副教授参与附录三《1935年〈中国报刊目录〉》的翻译，广东外语外贸大学高级翻译学院硕士研究生丁洁参与校译，在此一并致谢。

王　海

广东外语外贸大学

2012年11月于白云山麓